KB268572

팬데믹
테크놀로지

팬데믹 테크놀로지

정세권 지음

iMH 경희대학교 인문학연구원
HK+통합의료인문학연구단
통합의료인문학 교양총서 11

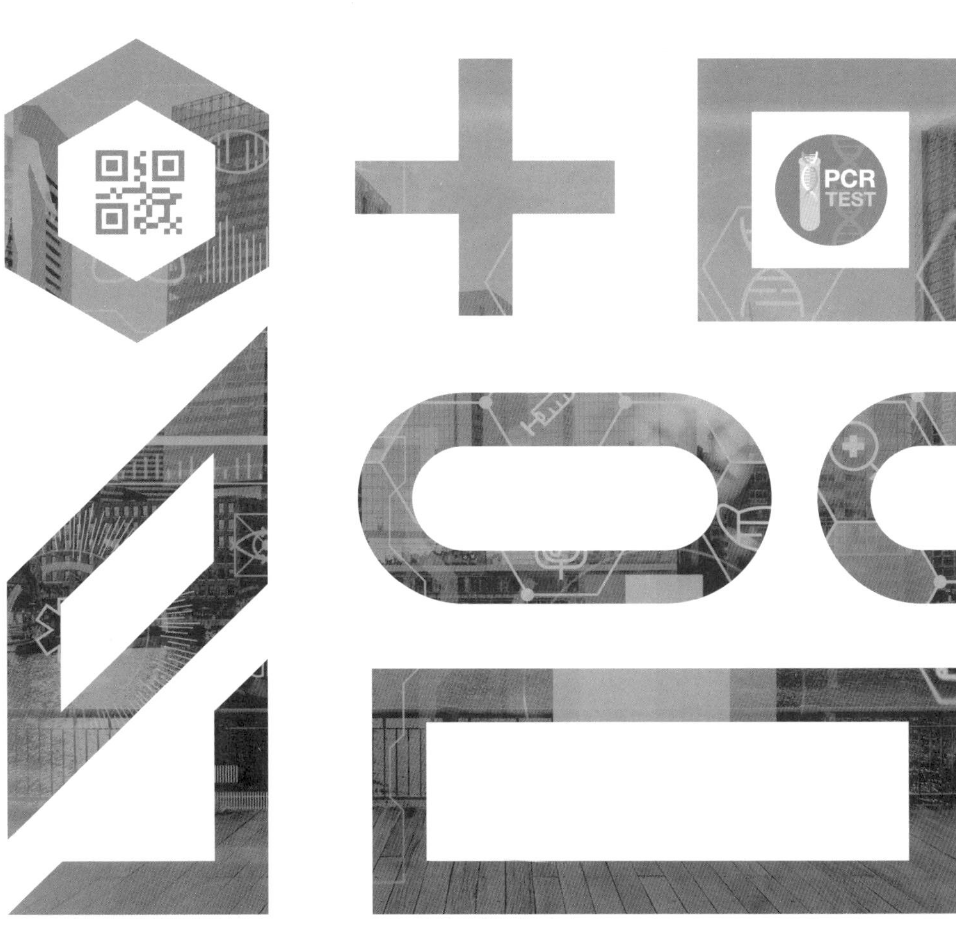

돌아 모시는 사람들

2022년 4월 18일 사회적 거리두기가 끝났다. 9월 26일에는 실외 공간에서 마스크 착용 의무화가 해제되었고, 다음 해(2023) 1월 30일에는 대중교통 수단과 의료기관, 감염취약시설을 제외한 실내에서도 마스크를 벗을 수 있었다. 3월에는 백신접종을 증명해야 하는 '방역패스'도 풀렸다. 2020년 1월 20일 첫 확진자가 나오고 2년여가 지난 뒤에도 감염병의 위세는 여전했지만, 처음의 당혹스러움과 혼란 대신 우리는 점차 적응해 가는 법을 배웠다. 의무가 아니라 해도 마스크를 벗지 않았고, 콧물이 흐르고 열이 나면 PCR 검사를 받았다. 대면수업이나 회의를 할 수도 있었지만 으레 화상회의 창을 열었고, 추가로 백신을 맞아야 할지 고민했다. 코로나바이러스 대신 독감 바이러스가 대거 유행하고 있는 2026년 2월에도 비슷한 풍경이 이어지고 있다. 그중 일부는 코로나19 이전부터 있었지만, 어떤 것은 2020년 1월 이후에 새롭게 등장한 일상이었다.

일찍이 경험한 적 없는 일상을 '뉴노멀'이라고 불렀다. 코로나19가 유행하던 초창기에 그런 질문을 받은 적이 있었다. "코로나가 끝나면, 다시 예전으로 돌아갈 수 있을까요?" 돌아갈 수 없을지 모른다는 깊은 절망, 뉴노멀을 어떻게 준비해야 할지 알 수 없는 막막한 불안, 그런 감정들이 떠돌던 때였다. 그래서 누군가는 중세 흑사병과 19세기 콜레라, 1918년 인플루엔자를 소환하며 21세기의 팬데믹이 열어젖힌 불가역적인 위험 시대의 개막을 경고했다. 어떤 이는 '포스트코로나'를 외치면서 예전과는 다른 삶의 양식을 찾아야 한다고 역설했다.

그 누군가의 질문에 "글쎄요"라는 다소 안전하고 애매모호한 대답을 했던 것 같은데, 아주 근거가 없지는 않았다. 뉴노멀이 많은 것을 바꾸겠지만, 그렇지 않은 것도 분명 있으리라는 나름의 믿음의 표현이었다. 유례없는 팬데믹에 대응할 방책을 찾을 것이고, 그것이 성공하든 실패하든, 켜켜이 쌓인 일상이 송두리째 변하지는 않으리라는 일종의 기대이기도 했다. 코로나19가 던진 충격뿐 아니라 그 와중에도 잘 적응하고 살아가는 삶이나 변하지 않는 고민을 담은 책들을 보면서, 이런 믿음이 완전히 틀리지는 않았다는 것을 확인할 수 있었다. 통합의료인문학 교양총서로 나온 『코로나 데카메론 1, 2』(2020, 2021)이나 『호모 팬데미쿠스』(2023)는 뉴노멀의 호들갑 속에서도 여전히 과거와 이어지는 일상을 주목했고, 코로나 그 자체뿐만 아니라, 그것을 겪는 사람들의 이야기, 그리고 코로나가 던지는 질문을 충실히 기록했다. 『출산의 인문학』(2022), 『역사 속의 산파와 조산사』(2023),

『마음과 고통의 돌봄을 위한 인문학』(2024), 『감염병을 바라보는 의료인문
학의 시선』(2022), 『죽음의 인문학』(2022), 『죽음의 시공간 - 삶 너머의 의료
인문학』(2023, 이상 학술총서) 등은 굳이 팬데믹이 아니더라도 계속 묻고 고
민해야 할, 생로병사를 둘러싼 질문을 담고 있었다. "글쎄요"라는 대답은
코로나가 던진 수년 동안의 충격뿐 아니라 코로나 이전부터 이어진 오랜
일상도 들여다봐야 하지 않을까 하는 무의식적인 다짐의 표현이었고, 이
책의 출발점이기도 했다.

　이 책은 코로나가 관통한 수많은 경험을 '기술'이라는 렌즈로 들여다본
다. 코로나 대유행 동안 기술은 인류가 위기를 인식하고 대응하는 데 핵
심 동력이었다. 마스크는 코로나바이러스 전파를 물리적으로 차단하는 일
상적이고 효과적인 수단이었고, QR 코드를 기반으로 한 출입 관리와 역학
조사를 통해 감염 경로를 신속히 확인할 수 있었다. PCR 검사는 감염 여부
를 과학적으로 판단함으로써 막연한 불안을 해소했고, 백신은 감염의 위험
을 실질적으로 낮추고 중증화와 사망을 줄이는 데 기여했다. 또한 화상회
의 시스템(zoom)은 단절된 일상을 이어주는 창구로서, 물리적 거리두기 속
에서도 사회적, 경제적 활동이 멈추지 않도록 해주었다. 길게는 이백여 년

전, 짧게는 수십 년 전에 발명된 이 기술들은, 예전과 같은 쓰임새로 혹은 새로운 모습으로, 코로나 대유행 동안 대중에게 그 존재감을 확실히 각인시켰다. 이 기술들이 없었더라면, 코로나 위기를 겪은 2026년은 지금의 풍경과 사뭇 달랐을지도 모른다.

그렇지만 이 책은 그 기술을 무조건 칭찬하지는 않는다. 그것을 발명하고 개선한 어떤 영웅을 기리지도 않는다. 대신 오래전부터 사용된 이 기술이, 예전에도 그러했을 수도 있지만, 특히 코로나 대유행 동안 수많은 논란의 중심에 서 있었다는 것을 주목한다. 감염의 위험을 낮추어준 마스크는 '누구에게, 어떻게 공급하고 나눌 것인가'라는, 과거에 한 번도 해본 적 없는 질문을 던졌고, QR 코드는 디지털 접근성이 낮은 계층을 암묵적으로 배제하는 문제를 낳았다. 개발 속도와 효과가 놀라웠던 백신 접종은 부작용에 대한 오랜 불신과 갈등으로부터 여전히 자유로울 수 없었고, 화상회의 시스템(zoom)은 새로운 피로와 번아웃을 불러오거나 예전부터 존재한 격차를 더 벌려 놓았다. 코로나 대유행은 이런 기술의 힘을 확인시켜 주는 동시에, 오래된 혹은 새로운 논란을 가져올 수도 있음을 보여주었다. 이런 모습은 팬데믹 테크놀로지 뿐만 아니라, 2016년부터 떠들썩하게 등장한 '4차 산업혁명 시대'의 주요 기술이나 요즘의 AI도 마찬가지이다.

코로나 대유행의 경험은 기술이 순수한 진보의 산물이라거나 가치중립적인 도구로만 이해될 수 없음을 보여준다. 마스크, QR 코드, 화상회의 시스템(zoom), PCR, 백신은 모두 과학적 합리성과 효율성을 기반으로 작동했지만, 그 효과와 의미는 기술 자체뿐 아니라 사회적 맥락 속에서 결정되었다. 같은 기술이라고 하더라도 어느 시대에, 어떤 가치와 규범에 맞춰 사용되느냐에 따라 의미가 달라진다는 것이다. 기술의 이런 성격을 주목하는 '기술의 사회사'는 기술을 발명과 성능의 역사로만 보지 않고, 사회적 갈등, 권력관계, 일상적 경험과 얽힌 역사로 이해하게 하고, 기술의 의미를 더욱 입체적으로 드러낸다. 또한 기술의 사회사는 팬데믹과 같은 위기 상황에서 기술이 누구에게 이익이 되고 부담이 되는지를 질문하게 만든다. 나아가 기술의 성과를 단순히 성공, 실패로 평가하는 것을 넘어, 기술의 분배와 통제, 책임의 문제까지 고려해야 한다고 강조한다. 이 책이 코로나 대유행 시기의 '기술의 사회사'를 충실히 그려냈다고 할 수는 없지만, 예외적인 위기를 겪은 한국 사회의 단면을 이해하는 데 도움이 되길 바란다.

이 책에서 다루는 다섯 가지 기술의 역사와 쟁점이 각각의 기술에 대한 모든 것이 아니라는 점을 밝힌다. 각 기술은 다양한 방식으로 변해 왔고,

논란이 되는 지점도 한두 가지가 아니었다. 그 모든 역사와 쟁점을 짧은 글에 담기는 어려웠기에, 코로나 시기에 한국 사회에서 크게 거론되었던 중요한 쟁점 중 눈에 띄는 것을 골라 살펴보았다. 가령 백신의 경우 휴먼챌린지실험(HCT)이나 특허와 국제적 불평등 같은 쟁점도 중요하지만, 이 책에서는 다루지 못했다. 또한 다섯 가지 기술 외에도 코로나를 관통한 다른 기술들도 담지 못했다. 엘리베이터를 탈 때마다 눌렀던 항균필름이나 실내를 출입할 때 비벼야 했던 손소독제와 같은 화학물질, 확진자 동선을 확인하고 잔여 백신을 찾기 위한 수많은 애플리케이션, 감염률과 백신 접종률을 보여주는 통계 데이터 등이다. 좋은 연구자가 나와주길 바란다.

이 책은 우연한 계기로 시작되었다. 늦은 저녁 술자리는 맑은 정신을 잠시 어지럽혔고, 오랫동안 막연히 생각해 오던 단상을 꽤 그럴듯하게 보이도록 만들었다. 박윤재 단장님은 취기 어린 결기를 나 대신 또렷하게 기억하셨고, 다음날부터 만날 때마다 독려해 주셨다. "좋은 책이 나오리라 기대합니다." 기대는 곧 믿음이자 응원이었고, 책을 끝까지 마무리할 수 있었던 힘의 원천이기도 했다. 수년 동안 연구실에서, 금요일 세미나 자리에서, 삼삼오오 모여 앉은 모임에서 연구단의 선생님들은 읽고, 묻고, 듣고, 자신의 의견을 가감 없이 보태었다. 선생님들의 오래된 그리고 진심 어린 애정과 배려가 문장 하나, 문단 하나를 다듬는 기운이 되었다. 마감을 한참 넘긴데다가 그마저도 엉성궂은 원고를 꼼꼼하게 읽고 교정, 편집해 준 출판사 '모시는사람들'에게도 너무 감사드린다. 마지막으로 학교에서 밤새고 집에서 피곤해하는 나를 항상 웃게 해주었던 아내 수진과 딸 지윤에게 고마움을 전한다. 그들의 사랑이 없었다면 이 책을 쓰지 못했을 것이다.

2026년 2월

정세권

차례

팬데믹 테크놀로지

상품에서 공공재가 된 기술

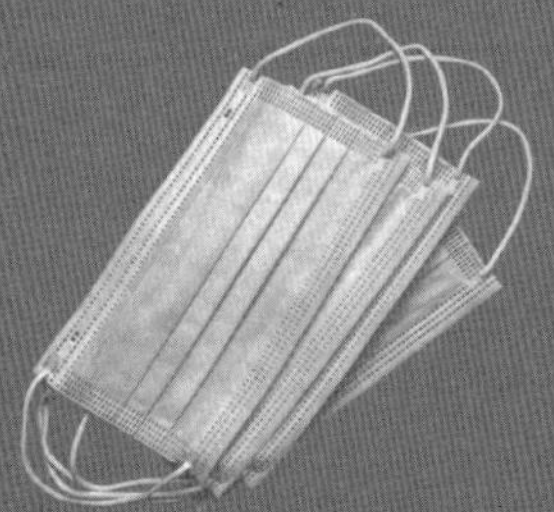

마스크

마스크를 썼다고 해서 혐오와 폭력을 감당해야 했던 이들이 있었다. 마스크 착용이 익숙하지 않은 사회에서, 특정 지역과 인종에 대한 편견이 이미 존재하던 사회에서 마스크는 코로나바이러스보다 더 위험한 신호였다. 마스크를 쓰는 것이 쉽지 않았던 경우도 있었다. 코로나19 유행이 아니더라도 마스크를 꾸준히 써 온 경험이 간과된 사회에서, 수량이 충분하지 못한 마스크를 어떻게 분배할지 혼란스러운 사회에서, 이미 사각지대에 있던 이들은 자발적으로 마스크를 쓸 자격이나 기회를 충분히 얻지 못했다. 마스크 쓰기는 누구나 참여할 수 있었지만, 모두에게 똑같이 쉬웠던 것은 아니었다.

#1. 현관을 나서기 전 마스크를 챙긴다. 오늘은 회의도 있어서, KF99 마스크 외에도 편하게 쓰고 버릴 덴탈마스크도 여러 장 준비한다. 며칠 전 새벽 5시에 대형 마트 앞에서 줄 선 덕분에 한 상자를 겨우 구했는데, 얼마 남지 않았다. 한 장에 몇백 원 하던 마스크가 지금은 몇천 원에 팔리지만, 그마저도 쉽게 구하기 힘들다. 예전에는 미세먼지가 심한 날에도 뒷골이 당기고 숨쉬기 불편해서 마스크를 쓰지 않았는데… 마스크를 사는 것도, 쓰고 다니는 것도 내 마음대로 되지 않는다.

코로나19가 유행하기 전부터 마스크는 우리 주변에서 흔히 볼 수 있었다. 거창한 과학기술이라고 부르기에도 뭔가 어색할 정도로 간단한 소품 혹은 사물이었다. 겨울철 독감이 유행하거나 미세먼지가 심한 날에는 마스크를 쓰는 게 일상이었고, 어디에서 얼마를 주고 샀는지 딱히 생각해 본 적도 없었다. 그렇지만 코로나19 대유행은 마스크의 위상을 바꾸어 놓았다. KF94, KF99과 같은 과학적인 기준으로 나누어진 등급이 강조되었고, 더 좋은 마스크를 더 많이 사기 위한 치열한 경쟁이 시작되었다. 유례없는 품귀 현상을 맞아, "누구부터 마스크를 써야 하는가?", "어떻게 모든 사람이 쉽게 구매할 수 있도록 할 것인가?" 등 예전에 등장한 적 없는 질문이 쏟아졌다. 코로나19가 유행하면서 마스크는 더 이상 소품이 아니었다.

가면에서 의료용 마스크로

2025년 11월 《*Tech Times*》는 투명 마스크 하나를 소개했다. 네덜란드의 디자이너가 만든 이 마스크는 사람의 얼굴을 모든 방향에서 구부리고 뒤틀리게 보이도록 만들어서, 얼굴 인식 시스템이 이를 제대로 분석하지 못하게 설계되었다. 그 대신 다른 사람의 눈에는 마스크를 쓴 사람의 실제 표정이 오롯이 보였는데, 이 마스크는 오늘날 일상화된 전자감시로부터 자신을 보호하는 방법을 탐구하는 대규모 프로젝트의 일환이었다. 범죄 예방이나 사회 안전 등의 명목으로 안면 인식 기술을 활발하게 사용하고 있는 지금, 얼굴을 완전히 혹은 부분적으로 가리지 않으면서도 AI가 얼굴을 인식하는 데 필요한 수학적 패턴을 교란한다는 점에서, 이 마스크는 '반감시(Antisurveillance)' 디자인으로 평가받았다.

『옥스퍼드 영어사전(Oxford English Dictionary)』에 따르면, '마스크'라는 단어를 사용한 역사는 매우 오래되었으며 그 의미도 매우 다양했다. 그중 한 가지는 앞서 언급한 투명 마스크처럼 얼굴 전체를 가리거나 어떤 감정을 숨기는 도구, 혹은 얼굴 모양을 본떠서 만든 일종의 '가면'으로서의 마스크였다. 이런 가면은, 마스크라는 단어 자체의 사용 여부와 별개로, 훨씬 더

〈그림 1〉 동물의 방광을 쓰고 작업하는 광부의 모습. 출처: 다큐멘터리
〈The Air We Breathe〉(1945) https://catalog.archives.gov/id/46905

오랜 역사를 지녔다. 약 9,000년 전 이스라엘 지역의 한 농부가 풍년을 기원하기 위해 사람(조상)의 얼굴을 닮은, 돌로 된 가면을 만들었다고 한다. 연극이나 공연, 무도회에서 극중 인물을 표현하거나 목소리를 더 크게 할 목적으로, 혹은 변장을 위해, 얼굴 전체를 덮거나 특정 부위를 가리는 가면을 사용하기도 했다. 오늘날 어떤 영화감독의 작품에 항상 출연하는 특정 배우를 뜻하는 '페르소나(persona)'는 고대 그리스 가면극에서 사용된 가면을 뜻하는 용어이기도 하다. 운동경기에서 얼굴을 보호할 목적으로 착용하는 덮개 혹은 산소나 마취제를 흡입하기 위해 코와 입 위에 씌우거나 비행기 조종사가 산소를 공급받을 목적으로 사용하는 마스크도 오래전부터 사용되었다.

우리에게 익숙한 마스크 즉 외부의 위험한 물질이 코나 입으로 들어오는 것을 막아 주는 마스크 역시 그 역사가 깊다. 고대 로마의 박물학자이자 정치가였던 플리니우스(Gaius Plinius Caecilius Secundus)가 쓴 『박물지(*Naturalis Historia*)』에는 진사(辰砂)*를 다루는 사람들이 동물의 방광으로 만든 부드러운 마스크를 얼굴에 썼다고 기록되어 있다. 반투명인 이 방광막은 흐리게나마 앞을 볼 수 있으면서, 동시에 광물을 다룰 때 발생하는 해로운 분진을 막아 주는 역할을 했다(그림 1). 16세기 독일의 광물학자 아그리콜라(Georgius Agricola)가 쓴 『금속에 관하여(*De re metallica*)』(1556)에도 비슷한 목적의 마스크가 광산에서 사용되었다고 적혀 있다. 광산의 검은 분진이 기관지나 호흡기는 물론 눈이나 피부, 심지어는 손발까지 뚫고 들어올 수 있었기 때문에, 긴 장화와 장갑 그리고 마스크를 사용했다는 것이다.

광산에서 사용되던 것에 비하면, 특정한 질병을 일으킬 수 있는 물질을 막아 주는 마스크는 조금 더 이후에 등장했다. 익히 잘 알려진 것 중 하나는 14세기 이후 페스트(소위 중세 흑사병)가 유행할 당시 사용되었다던 '새 부리 마스크'이다. 눈 부분은 유리로 만들어 앞을 볼 수 있게 하고, 부리 안에는 향신료나 허브를 채워 위험한 공기나 물질을 흡입하지 않도록 만든 새 부리 마스크를 쓴 의사의 그림을 한 번쯤은 본 적이 있을 것이다. 그렇

---

* 수은과 유황이 결합한 황화수은(HgS) 광물로, 진홍색을 띤다. 주로 도자기의 색을 내거나 약물로 사용된다.

지만 검은 망토와 함께 흑사병의 공포를 잘 보여주는 새 부리 마스크가 14세기 전염병 대유행 당시에 실제로 사용되었다는 구체적인 기록은 없으며, 후대 예술가들이 과거를 소급해 재현했다는 것이 통설이다.

오늘날과 비슷한 모양의 마스크가 만들어져 보건용으로 사용된 것은 19세기였다. 가장 잘 알려진 것은 영국의 외과의 줄리우스 제프리스(Julius Jeffreys)가 만든 '레스퍼레이터(respirator)'였다. 인도에서 외과의로 활동하다가 귀국한 제프리스는 영국에서 흔한 폐렴 환자가 차고 건조한 공기 때문에 기침을 더 심하게 한다고 생각했다. 이런 환자를 위해 그가 만든 레스퍼레이터는 두 겹의 얇은 천 사이에 격자 모양의 금속판을 넣었고, 귀에 걸 수 있도록 고리를 붙인 모양이었다. 금속판 덕분에 레스퍼레이터 안쪽의 공기는 온도와 습도를 보존할 수 있었고, 숨을 쉴 때 따뜻하고 습한 공기로 바뀔 수 있도록 했다. 1836년에 특허를 낸 레스퍼레이터는 1862년 제2회 런던만국박람회에 전시되었고, 1860년대 이후 중국과 일본에 소개되었다.* 이런 레스퍼레이터(이후부터는 '호흡기'로 표기)는 습하고 따뜻한 공기를 만들어 환자를 보호하거나 바깥의 나쁜 공기가 코와 입으로 들어오는 것을 막아 주는 것이었다. 그리고 19세기 후반 세균학이 발달하고 질병의 원인이 오염된 공기가 아니라 세균이라는 사실이 밝혀지면서, 세균이 신체에

---

* 중국에서는 '입 덮개, 호흡을 위한 기구'(嘴笭, 呼吸之器)라고 번역되었고, 일본에서는 '호흡기'(呼吸器)나 숨을 보호한다 '호식기'(護息器), 또는 기를 맑게 한다는 '여기기'(濾气器)라고 표기되기도 했다.

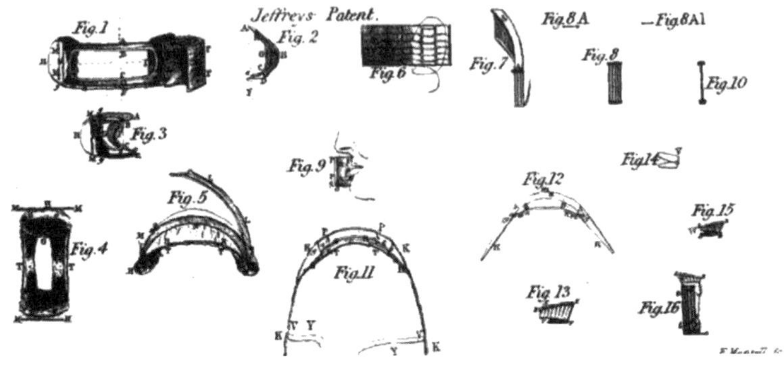

<〈그림 2〉 제프리스의 레스퍼레이터.
출처: J. S. Hodson, "The Repertory of Patent Inventions, and Other Discoveries and Improvements in Arts, Manufactures, and Agriculture," *New Series*, vol. 5 (1836, 211).

들어오는 것을 막아 주는 용도로 호흡기가 사용되었다. 특히 1894년 홍콩에서 페스트가 유행할 때 그 원인으로 페스트균(*Yersinia pestis*)이 확인되면서 세균학자와 의료진을 중심으로 감염균 흡입을 막기 위해 호흡기를 착용하기 시작했다. 독일에서 '비말감염'이라는 개념이 제안된 이후 1897년 브레슬라우 대학교의 외과 의사 얀 미굴리치-라데츠키(Jan Mikulicz-Radecki)가 의료용 호흡기를 쓴 최초의 인물로 알려져 있다.

이런 호흡기가 대대적인 전염병을 막아 주는 효과가 있다는 것을 증명한 사건은 1910~1911년 만주 폐페스트 유행이었다. 1910년 10월 13일 러시아 접경 지역에서 처음 발병하여 철도를 따라 만주 전역과 베이징까지 퍼진 폐페스트는 4개월 만에 5만여 명의 사망자를 낳은 유례없는 전염병이었다. 그리고 폐페스트의 원인을 파악하고 대응법을 찾기 위해 주최국 청나라를 포함하여 11개 국가, 33명의 의학 전문가가 모인 국제페스트회의가 1911년 4월 3일부터 29일까지 펑톈(Fentian)에서 열렸다. 이 회의에서 코와 입으로 페스트균이 들어오는 것을 호흡기가 어느 정도 막아준다는 사실이 인정되었으며, 특히 '금속판 없이 15×10cm 크기의 모직을 두 겹의 거즈로 감싸고 양쪽 끝에 끈이 달린 패드형'이 채택되었다.

흥미로운 것은 이 회의에서 호흡기 대신 마스크라는 용어가 굳어졌다는 점이다. 폐페스트 유행 당시 중국인 의사와 선교 의사, 민간인 사이에는 다양한 재질과 모양의 호흡기가 사용되고 있었는데, 회의에 참석한 미국인 의사 리처드 스트롱(Richard Strong)은 자신이 원래 알고 있던 것과 다른 호흡기를 '마스크'라고 불렀다. 특별한 의도가 있었기보다는 유럽의 호흡기와 중국에서 본 낯선 호흡기를 구분하려는 것이었다. 그리고 국제페스트회의에서 호흡기와 함께 마스크라는 용어가 뒤섞여 사용되었고, 회의가 끝난 직후 출판된 공식 영문보고서에 호흡기(respirator)는 단 한 번도 등장하지 않은 채 마스크라는 용어만 언급되었다. 이 보고서에서 마스크로 용어가 통일된 이유를 정확히 알 수는 없지만,* 이후 국제사회에서 호흡기라는 용어는 점점 사용되지 않았다.

이런 마스크가 대대적으로 사용된 것은 1918년 일명 '스페인독감'이라고 불린 인플루엔자 대유행 때였다. 1918년 2월에 시작되어 1920년 4월 즈

---

* 영문보고서를 편집한 최종 책임자가 리처드 스트롱이었다.

음 끝난 인플루엔자는 전 세계에서 5천만 명 이상, 미국에서만 65만여 명이 사망한 팬데믹이었다. 미국에서는 신문과 잡지에 각 가정에서 마스크를 제작하고 착용하는 법을 설명하는 글이 실렸다. 예를 들면 가로 세로 5×8인치의 거즈를 여러 겹 덧대어 가장자리를 꿰매고 네 귀퉁이에 8인치의 띠를 달아, 위의 두 줄은 귀 위로, 아래 두 줄은 귀 아래로 지나도록 하여 단단히 묶는 식이었다. 의류업체 리바이스는 청바지 주머니로 마스크를 만들었고, 적십자나 여러 사회단체도 자체 제작한 마스크를 무료나 실비로 제공하기도 했다. 그리고 1918년 가을 인플루엔자가 재유행하면서 사망자가 늘어나자, 몇몇 시 정부는 마스크 착용을 의무화하는 조례를 제정하고, 마스크를 쓰지 않는 사람을 감옥에 구류하거나 벌금형에 처했다. 이런 조치를 반대하거나 마스크 착용을 풍자하는 삽화가 신문에 실렸고, 단체를 조직하여 적극적으로 항의하는 소동도 있었다. 이런 갈등에도 불구하고 1918년 인플루엔자 대유행은 전염병을 예방하는 데 마스크 착용이 중요하다는 것을 널리 알리는 중요한 계기가 된 것은 분명했다.

우리나라에서 전염병에 걸리지 않기 위해 마스크를 쓰기 시작한 것도 1918년 인플루엔자 유행 이후였다. 그 이전에는 공중위생 차원에서 오물을 치우고 주변을 청결히 한다거나 손수건을 사용해 코와 입을 가리는 식이었다. 1918년 전 세계에서 유행한 인플루엔자는 식민지 조선에도 영향을 미쳐 9월부터 환자가 알려졌고 그해 겨울에 정점을 찍었다. '셔반아감기', '스페인인푸레엔자' 등으로 불린 인플루엔자 유행으로 14만여 명의 사망자가 발생했는데, 이미 호흡기 혹은 마스크를 쓰고 있는 유럽이나 미국·

중국·일본과 달리 식민지 조선에서는 마스크를 쓰는 사람이 거의 없었다. 하지만 1919년 1월부터 간헐적으로 '호흡보조기' 혹은 '호흡기'라는 이름으로 마스크에 대한 간단한 소개와 설명이 등장했고, 인플루엔자가 끝난 이후 성홍열이나 발진티푸스와 같은 다른 전염병을 예방할 방책으로 마스크 착용이 권고되기 시작했다. 그리고 1930년대가 되면 겨울철에 코와 입을 마스크로 가리고 다니는 사람들을 '마스크당'이라고 비아냥거릴 정도로, 마스크는 우리에게도 익숙한 것이 되었다.

이처럼 환자를 위해 제프리스가 만든 레스퍼레이터, 의료진이나 건강한 사람이 나쁜 공기나 병원체 흡입을 막기 위해 썼던 호흡기나 마스크는 200여 년의 역사를 지녔다. 그리고 2020년 코로나19가 유행하면서 마스크는 다시 한번 전 세계적인 관심 대상이 되었다.

K-방역과 마스크

코로나19 확진자가 발생한 지 두어 달이 지난 2020년 3월 26일 정세균 국무총리는 국정현안점검조정회의 모두 발언에서 'K-방역'을 발전시키자고 제안했다. 당시 K-방역이 무엇인지 정확히 밝히지는 않았지만, 외국과 달리 확진자 발생이 주춤하고 코로나19를 비교적 잘 관리하던 한국의 모범적인 상황을 일종의 브랜드처럼 만들어서 향후 기업의 경쟁력을 확보할 수 있도록 하자는 취지였다.

K-팝, K-뷰티 등 대한민국 브랜드가 세계적으로 인정받고 있지만, 인지도가 낮은 중소기업들은 해외시장 진출에 어려움을 겪고 있습니다. 정부는 이를 돕기 위해 작년 9월 우수 제품 공동브랜드인 '브랜드 K'를 출시한 바 있습니다. [중략]

세계보건기구(WHO)와 많은 나라들이 우리의 코로나19 대응에 주목하고 지원을 요청하고 있습니다. 보건복지부 등 관계 부처는 개방성·투명성·민주성에 기반한 'K-방역'을 발전시켜 여러 나라에 도움을 주고, 연관된 중소벤처기업에게도 힘이 되도록 해 주시기 바랍니다.*

이후 국내외 언론을 통해 K-방역은 선별진료소 등을 통한 세계 최고의 진단 '검사(test)', 전자출입명부를 포함한 체계적인 역학조사인 '추적(trace)', 생활진료센터와 전담병원에서 진행된 '치료(treat)'를 뜻하는 3T 전략의 성공으로 설명되었다. 3T 전략 외에 K-방역의 주연으로 사회적 거리두기와 마스크 착용 등 정부의 지침을 따른 높은 시민의식이 언급되었다. 코로나19가 소강 국면에 들어간 2022년 5월 『문재인정부 국정백서』가 발행되었는데, 그중 8권이 '국민과 함께 만든 K-방역'이었고, 마스크 5부제와 수급 문제 해결, 마스크 착용 준수가 중요하게 언급되었다. 그렇지만 겉보

---

* "제102호 국정현안점검조정회의 모두발언" 대한민국 정책브리핑 (2020. 3. 26). 같은 날 문재인 대통령은 G20 특별화상회의에서 '개방성, 투명성, 민주성에 기반한' 한국의 방역 정책을 소개했다.

기에 마냥 성공적이고 매끄러운 것 같은 K-방역의 이면에는 수많은 소동과
혼란이 있었는데, 마스크도 예외는 아니었다.

앞서 본 것처럼, 마스크는 백여 년 전부터 의료용으로 사용된 오랜 역사
를 지녔기에, 2021년 백신 접종이 시작되기 전까지 코로나19에 대응하는
효과적인 수단 중 하나였다. 그렇지만 우리나라와 달리 외국에서는, 나중
에 볼 백신 접종처럼, 마스크 착용을 거부하거나 심한 경우 단체 행동을 하
는 경우가 빈번했다. 미국의 경우, 트럼프 대통령이나 펜스 부통령이 공적
인 자리에서 공공연히 마스크를 쓰지 않아 비판을 받았고, 마스크 착용을
의무화한 몇몇 지역에서는 이를 반대하는 시위가 끊이지 않았다. 확진자
가 급증하면서 사회적 거리두기를 포함한 여러 봉쇄 조치가 내려진 가운데
일부 시민은 이를 반대하며 다양한 방식으로 싸웠는데, 마스크를 벗어 던
지는 것이 가장 기본적인 저항이었다. 1918년 인플루엔자가 유행했을 당
시의 풍경이 백여 년이 지나서도 재현되었다. 유럽도 사정은 비슷했는데,
대중시설 이용 제한 등 일상생활을 규제하는 조치와 함께 마스크 착용을
의무화한 나라에서는, 시민들이 마스크에 일부러 구멍을 뚫어 항의의 뜻을
표현하거나 대중적인 반대 집회를 진행했다.

이런 상황과 비교할 때 한국의 경우, 다른 방역 조치뿐만 아니라 마스크
를 착용하라는 정부 정책에 반발하는 분위기가 크게 두드러지지 않았다.
그 이유에 대해서는 몇 가지 그럴듯한 설명이 있는데, 그중 하나는 얼굴을
가리는 행위에 대한 동서양의 문화적 차이였다. 서구 사회에서는 오랫동
안 얼굴을 가리는 행위에 대해 부정적인 '낙인'을 찍는 사례가 빈번했고, 이

〈그림 3〉 마스크 등급.
출처: 식품의약품안전처

런 전통이 전염병 대유행 시에도 마스크 착용을 어색해하거나 불편하게 여기는 심리로 이어졌다는 것이었다. 반면 한국에서는 과거 시위 현장에서 시위대와 경찰이 서로 대치하거나, 심야의 으슥한 골목을 홀로 걷는 등 특별한 상황이 아니라면, 마스크를 쓴 사람에 대해 편견이나 반감이 크지 않은 편이었다. 이런 문화적 차이가 코로나19 당시 마스크 착용을 둘러싼 상이한 반응을 설명할 수 있는 한 가지 이유였다.

두 번째는 한국 사회가 최근 십수 년 동안 황사나 미세먼지 때문에 마스크를 쓰는 일상에 익숙해져 있다는 것이었다. 2000년대 초반부터 중국발 황사가 심해질 때면 외출할 때 마스크를 쓰라는 조언이 등장하기 시작했고, 미세먼지가 뿌연 날이면 마스크를 착용하는 것이 일상이었다. 특히 2013년 WHO에서 미세먼지를 1급 발암물질로 지정한 직후, 마스크는 더욱 유용한 개인보호장비로 사용되었다. 신종플루와 사스(SARS), 메르스와 같은 세계적인 전염병이나 매년 겨울 유행하는 독감, 그리고 황사나 미세먼지는 한국에서 마스크를 익숙한 혹은 꼭 필요한 사물로 인식하도록 만들었다.

문화적 편견이 없거나 익숙한 것과는 별개로 마스크의 효능에 대한 믿음도 중요했다. 황사와 미세먼지로 인해 마스크에 대한 수요가 늘어나면서 다양한 마스크가 시중에 판매되었는데, 그중 품질이 현저히 떨어지는 불량품도 많았다. 이에 2009년 식품의약품안전청은 '황사 방지용 및 방역용 마스크의 기준 규격에 대한 가이드라인'을 발표했다. 식약청은 '분진포집효율'(공기를 들이마실 때, 마스크가 작은 입자를 걸러 주는 비율), '안면부 흡기저항'(공기를 들이마실 때, 마스크 내부가 받는 저항), '누설률'(마스크를 썼을 때 공기가 새는 비율)을 기준으로 KF 인증 시스템을 만들었다. 그리고 미세입자를 80%, 94%, 99% 걸러 주는 마스크를 각각 KF80(황사 방지용), KF94(방역용), KF99(방역용)로 분류했다. 이처럼 과학적 검증과 관리 등급 분류를 거친 KF 마스크가 이미 10여 년 전부터 사용되고 있었기에, 코로나19가 대유행할 당시 사람들은 마스크를 쓰면 보호받을 수 있다는 기대를 이미 가지고 있었던 것이다.

그렇지만 K-방역의 일부로 평가받는 마스크 착용은, 겉에서 보는 것과 달리, 코로나19 초창기에는 여러 우여곡절을 겪었는데, 그중 한 가지는 '마스크 대란'과 '누가 마스크를 먼저 쓸 것인가'를 둘러싼 혼란이었다.

2020년 1월 초부터 중국에서 원인 미상의 호흡기 질환이 유행한다는 소식은 마스크를 둘러싼 수식어와 함께 들려왔다. 춘절을 맞아 고향을 가는 행렬을 '마스크 대이동'이라고 불렀고, 확진자가 많아지면서 마스크를 구하기 힘든 '마스크 대란', '마스크 품귀 현상'이라는 말이 떠돌았다. 중국의 상황을 '강 건너 불구경'하는 듯한 분위기는 1월 20일에 국내에서 처음 확진자가 나왔을 때도 비슷했다. 외국의 호흡기 질환이 국내에 상륙했다는 제목 아래, 늘 하듯이 손을 깨끗히 씻고 외출할 때 마스크를 쓰면 충분히 예방할 수 있다는 차분한 논조의 기사가 대부분이었다. 오히려 며칠 전 일부 지자체가 경로당 노인들에게 무료로 마스크를 나눠 준 것을 두고, '평상시에도 숨쉬기 힘든' 노인들에게 도움도 되지 않는 예산 낭비이자 선심성 정책이며, 마스크를 받지 않는 사람이 많다고 비판하는 기사가 실리기도 했다.

며칠이 지난 뒤 상황은 완전히 달라졌다. 1월 27일 정부는 위기 단계를 '주의'에서 '경계'로 상향 조정했고 설 명절 이후 국내 확진자가 4명으로 늘어나자, 마스크를 사 두려는 사람이 폭증했다. 1월 말부터 약국과 편의점의 마스크가 동나기 시작했고, 가격도 치솟았다. 1월 22일부터 27일까지 판매된 마스크는 약 420만 개였는데, 전년도 65만 개와 비교하여 약 6배 가까이 증가한 수치였다. 가격 역시 비슷한 시기 3~5배 폭등했다. 대형 마트와 약국, 편의점의 마스크 매대가 텅 비어 있는 사진들이 대서특필되었다. 황사나 미세먼지 때문에 외국보다 더 많이 마스크를 생산하고 공급하던 한국에서도 '마스크 대란'이 시작된 것이다. 일부 악덕 판매업자가 새로 인상된 가격으로 판매하기 위해 기존 물량을 거둬들였다거나, 보따리상이 마스크 공장을 돌아다니며 사재기를 한다는 소문도 돌았다. 이런 상황에서 마스크를 사 두려는 사람들이 마트와 약국, 온라인 쇼핑몰을 더 많이 헤맸고, 2월이 되면 생산과 공급이 수요를 따라가지 못했다.

코로나19가 더욱 확산되는 상황에서 마스크 수요는 폭증하는 반면 지나치게 비싼 가격에 그나마 물량도 부족해지자, 정부의 대책을 질타하는 불만이 터져 나왔다. 정부는 2월 들어 마스크 매점매석을 금지하는 고시를 발표하여 이를 위반할 경우 2년 이하 징역형이나 5,000만 원 이하 벌금을 부과하기로 했고, 2월 6일부터는 해외 대량 반출을 차단하는 조치를 시작했다. 12일에는 마스크 생산업자와 판매업자에게 일일 생산량과 판매량을 의무적으로 신고하게 했고, 26일에는 당일 생산량의 50% 이상을 공적 판매처에 출고하고 생산량의 10%만 수출하도록 제한했다. 특정 물품을 안정적으로 공급하기 위해, 생산·운송·수출입 등의 전반을 정부가 관리하는 특단의 대책이었다. 언제라도 필요할 때 구입하고 사용하던, 하나의 상품이었던 마스크는, 코로나19가 유행하기 시작하면서 정부가 관리해야 하는 공공재가 되었다.

이런 대책에도 불구하고 마스크 대란은 해소되지 않았고, 청와대 국민게시판에는 마스크와 관련된 수십 개의 청원이 올라왔다. 불과 얼마 전까지만 해도 귀찮아서 안 썼는데, 이제는 마스크가 없어서 사용하지 못하는 현실을 해결해 달라는 청원이었다. "보건용 마스크 정부 수매 및 저가 공급을 요청합니다.", "정부에서 마스크를 일괄 구매해 주민센터를 통해 판매해 달라." 등 다양한 청원은 약국이나 편의점, 마트 어디에서도 마스크를 살 수 없는 불안감의 표현이었다.

3월 6일 마스크 수급 문제를 해결하기 위해 소위 '공적 마스크 제도'가 실시되었다. 마스크를 공정하고 원활하게 공급하기 위해서 일주일에 1인당 2매까지 구매할 수 있도록 제한하고, 출생 연도 끝자리에 따라 요일별 5부제 판매를 실시하며, 중복 구매를 확인할 수 있는 시스템을 도입했다. 특별한 경우 즉 '1940년 포함 그 이전 출생자', '2010년 포함 그 이후 출생자', '장기요양급여 수급자', '장애인'은 공적 마스크를 대리 구매할 수 있도록 했다. 그리고 2주일 간격으로 대리 구매 대상을 점차적으로 확대했는데, 임산부, 국가보훈대상자 중 상이자, 요양병원 환자, 장기요양시설 입소자, 입원 환자, 가족관계증명서상 가족까지 대리구매 할 수 있게 되었다. 5월 중순이 되면 모든 가족의 마스크를 대신 구매할 수 있었다. 마스크 공급이 안정세에 들어가면서, 6월 1일에는 5부제를 폐지하고 1회 구매 수량을 늘렸으며, 7월 12일에는 공적 마스크 제도 자체를 폐지했다. 5개월에 걸친 마스크 대란은 정부의 적극적인 관리와 시민의 협조로 극복될 수 있었다.

그렇지만 초창기 마스크를 둘러싼 여러 논란에는 생산과 공급, 분배 외에 '누가 마스크를 쓸 것인가'에 대한 혼란도 한몫했다. 확진자와 의심 증상자가 속출하던 2월 10일 질병관리본부는 정례브리핑에서 〈꼭 기억해야 할 4가지 감염병 예방 수칙〉을 제시했는데, 그중 하나는 '기침 등 호흡기 증상 시 마스크 착용하기'였다. 이틀 뒤 식약처와 대한의사협회 역시 '호흡기 증상이 있거나 감염 의심자를 돌보는 경우' KF80 이상 등급의 마스크를 쓰라고 권고했다. 증상이 없는 사람은 굳이 마스크를 쓸 필요가 없다는 것이었는데, 이런 입장은 당시 WHO의 기본 방침과 일치하는 것이었다. 정부의 입장은 '대란'이라 할 정도로 마스크를 구하기 어려운 상황에서, 감염 위험에 가장 가까이 노출된 의료진을 위한 마스크를 충분히 확보하자는 의도를 가진 것이기도 했다. 그러나 3월 3일 질병관리본부와 식약처는 마스크 착용 권장 대상을 확대해 감염 위험성이 높거나 기저질환이 있는 고위험군에게 마스크 사용을 권고했다. 대한의사협회도 3월 12일 예전의 권고안을 수정해, 호흡기 증상이 있는 사람뿐 아니라 건강한 일반인도 마스크를 쓰면 감염을 예방할 수 있다고 강조했다. WHO는 여전히 과거의 방침을 고수하고 있던 때였다.

마스크 착용에 대한 지침이 바뀐 것은 그 효능에 대한 새로운 사실, 즉 건강한 사람도 마스크를 쓰면 감염을 예방할 수 있다는 과학적 사실이 밝혀졌기 때문이 아니었다. 마스크 종류에 따라 비말감염을 얼마나 예방할 수 있는지에 대한 논란이 있기는 했지만, 마스크가 위험한 물질을 어느 정도는 막을 수 있다는 것은 예전부터 알려진 사실이었다. 정부의 입장 변화는 오히려 오랫동안 마스크를 착용해 온 경험, 코로나19에 대한 시민의 공포를 뒤늦게 눈치챈 것일 수 있었다. 2009년 신종플루 유행 이후 세계적인 전염병이 국내에도 유행할 때마다, 겨울철 독감을 걱정할 때마다, 그리고 황사와 미세먼지가 심할 때마다, 시민들은 스스럼없이 마스크를 써 왔다. 환자를 돌보는 의료진이나 가족이 아니더라도, 기저질환을 앓는 고위험군이 아니더라도, 감염 가능성이 크지 않아도, 지금 당장 건강하더라도 외부의 병원체로부터 자신을 보호하기 위해 마스크를 착용해 왔다. 이런 상황에서 의료진에게 분배할 마스크를 확보하려는 의도가 있었다 하더라도 그리고 실제 마스크의 효과에 대한 논란이 있었다 하더라도, 일부에게만 마스크 착용을 권장한 지침은 그동안 마스크를 써 온 경험에 대한 몰이해에 기인한 것이었다. 게다가 유례없는 팬데믹으로 인해 공포와 불안이 커지는 상황에서 그나마 마스크가 시민 개개인이 쉽고 빠르게 준비할 수 있는 예방책이었다는 사실을 간과한 것이기도 했다.

마스크 생산과 공급이 안정세에 접어들면서 7월 12일 정부는 '공적 마스크 제도'를 공식 폐지했다. 그리고 18일 질병관리본부는 "코로나19와 관련해 잘 알지 못할 때 마스크 착용 부분의 경우 당시 세계보건기구(WHO)나 각국의 지침대로 말씀드렸던 점을 항상 머리 숙여 죄송하게 생각을 한다."*고 밝혔다. 이 사과는 지난 몇 달 동안 마스크를 착용했을 때 감염을

---

* "질본 뒤늦게 사과, 방역 초기, "마스크 권고하지 않은 것은 부적절"," 《서울신문》 2020. 7. 18.

어느 정도 막을 수 있었던 수많은 사례를 뒤늦게 인정하는 것이었다. 코로나19에 대해 잘 알지 못했다거나, WHO의 지침을 따랐다는 것이 사과할 일은 아닐 수도 있었다. 오히려 마스크를 써 온 경험, 코로나19에 대한 두려움을 미처 헤아리지 못한 것에 대한 사과였어야 하지 않았을까? 아무튼 판단 착오에 대한 사과 이후, 마스크 착용 여부에 따라 대규모 감염이 좌우되었던 몇 가지 사례를 통해 예방 도구로서 마스크의 효용은 더욱 강조되었다. 한 커피숍에서 마스크를 쓰지 않은 사람들이 대거 감염되었던 반면 마스크를 착용한 일부는 전혀 걸리지 않은 사례는 '마스크의 힘'을 보여주었다. 사업 설명회를 하던 밀폐된 공간에서 발생한 집단감염의 유일한 예외자는 3시간 내내 마스크를 쓰고 있던 사람이었다. 마스크는 건강한 사람에게도 꼭 필요한 방역 도구가 되었다.

'공적' 마스크의 이면

문화마다 차이는 있지만, 코로나19가 유행하면서 마스크는 다른 사람을 판단하고 구분하고 심지어 차별하는 기준이 되었다. 특히 마스크를 적극적으로 착용하지 않았던 서구의 몇몇 나라에서는, '마스크 착용 = 코로나바이러스 보유자 = 전염병의 전파자'라는 이유로 아시아인을 비난하고 폭력을 가하는 행위가 빈번했다. 예를 들어 2020년 1월 영국에서는 마스크를 쓴 중국인 유학생이 행인 3명으로부터 폭행당했고, 뉴욕에서는 한 흑인 남성이 마스크를 쓴 아시아계 여성에게 '병에 걸렸다'면서 무차별 폭행을 가했다. 캐나다에서도 마스크를 쓰고 길을 걷던 동양인에게 '바이러스'라고 외치면서 모멸감을 주었다는 소문이 SNS를 통해 퍼졌다. 마스크를 쓰지 않았더라도 다른 인종과 민족에 대한 혐오가 바이러스처럼 퍼지고 있다는 우려가 커졌다. 오랫동안 깊이 뿌리박혀 있던 특정한 인종·성별·계급·민족에 대한 혐오가 코로나19 대유행으로 인한 위기의식과 불안 속에서 폭력적으로 드러났고, 마스크는 그런 폭력을 도발하는 일종의 도화선이었다.

　서구에서는 '마스크를 썼다'는 것에 대한 혐오가 퍼졌다면, 한국에서는 정반대의 모습이 나타났다. '마스크를 쓰지 않은' 것을 비난하고 질책하는 목소리가 커졌던 것이다. 마스크 착용 의무화가 시행되기 전부터 지하철이나 버스 등 대중교통을 이용할 때, 건강하고 아무 증상이 없는 사람이라도 마스크를 쓰지 않으면 눈총을 받거나 노골적인 비난을 들어야 했다. 사방이 탁 트인 공원에서도, 오가는 행인이 그리 많지 않은 거리에서도 마찬가지였다. 아무도 없는 엘리베이터를 혼자 타더라도 마스크를 벗는다는 것을 상상할 수 없었다. 집단감염이라도 발생하면, 마스크를 쓰지 않은 사람에 대한 비난의 강도는 훨씬 강해졌다. 과거 황사나 미세먼지가 심한 날 쓰는 마스크는 '나를 보호하기 위한' 것이었다면, 이제는 나뿐만 아니라 가족과 공동체를 위해 착용해야 하는 것이 되었다. 따라서 마스크를 쓸 것인지는 개인의 선택이나 취향이 아니라 일종의 도덕적 책무로 바뀌었고, 공공을 위하는 선량한 시민이라는 것을 보여주는 증거가 되었다. 그 책무를 다하지 않을 경우, 본인이 감염되는 것과는 별개로, 공공의 책무를 다하지 못했다는 비난을 받을 수밖에 없었다. 코로나19 시대에 마스크는 개인이 소비하는 사적인 것이 아니라 공공을 위해 사용해야 하는 '공적인' 것이 되었다.

'공적 마스크'는 자신뿐만 아니라 타자와 공동체를 위해서 쓸 수밖에 없게 된 마스크를 공동체 구성원 모두에게 공평하게 보급하기 위한 제도였다. 그렇지만 그 과정에서 소외된 혹은 배제된 이들도 있었는데, 그들의 공통점은 '공적'인 시스템에 등록되지 않았거나 이미 오래전부터 소외받고 있었다는 것이다. 대표적인 이들이 외국인이었다. 3월 6일 공적 마스크 제도가 시행되었을 때, 외국인은 '외국인등록증'과 '건강보험증' 모두를 지참해야만 공적 마스크를 구입할 수 있었다. 하루 뒤 외국인 유학생을 비롯하여 건강보험에 가입하지 않은 이들을 위해 외국인등록증만 있어도 살 수 있도록 방침을 변경했다. 그렇지만 공적 마스크를 판매하는 약국에서 건강보험 가입 여부를 확인했기 때문에, 마스크를 구입하는 것이 여전히 어렵다는 불만이 터져 나왔다. 건강보험 가입은커녕 외국인 등록도 하지 않은 이주민들은 더욱 곤란했다. 이들은 친구나 공장주, 인권 단체 등의 도움으로 공적 마스크를 지원받거나 아니면 비싼 가격으로 일반 마스크를 구입해야 했다. 학교나 공장에서 내국인과 어울려 살던 외국인일지라도, 주민등록이나 건강보험 가입이 되어 있지 않으면, '공적'인 존재로 인정받기 어려워 공적 마스크를 구매하기가 쉽지 않았던 것이다. 한 달이 더 지난 4월 20일이 되어서야 중앙재난안전대책본부는 건강보험에 가입하지 않은 외국인 약 46만 명도 공적 마스크를 구매할 수 있다고 발표했다.

공적 시스템 속에 존재하더라도 공적 마스크를 구입하기 어려운 이들도 있었는데, 독거노인이 그러했다. 공적 마스크 제도가 시행된 직후 SNS와 온라인 카페에는 혼자 사는 부모님이 마스크를 구입하지 못해 어려움을 겪고 있다는 글들이 올라왔다. 연세가 많고 거동이 쉽지 않아 약국을 직접 가기 힘든 데다가, 주민등록지가 다른 자녀가 대리 구매를 하는 것도 불가능하다는 것이었다. 청와대 국민청원 게시판에는 '농어산촌 노인을 위한 마을 단위 마스크 구매 및 배분'을 바라는 글이 올라오기도 했다. 농어산촌의 경우 약국 외에도 우체국과 농협 하나로마트에서 공적 마스크를 판매했지만, 그마저도 버스가 잘 다니지 않는 지역의 노인들에게는 너무 힘들다는 내용이었다. 5월 이후 마스크 수급에 여유가 생기기 전까지는, 일부 지자체와 사회복지단체가 '긴급 지원'이라는 이름으로 독거노인을 방문해 마스크를 나누어 주었다. 개인이 직접 구매해야 하는 공적 마스크 제도가 누구에게나 공평한 것은 아니었다.

나가며

공적 마스크 제도가 폐지된 직후인 2020년 7월 20일 수원역 2층 대형 광고판에 사진 모자이크 광고가 등장했다. 시민 1,332명이 마스크를 쓴 사진을 모아 하나의 이미지와 함께 '마스크가 답이다'라는 문구를 만든 광고였다. 수원시는 한 달여 전부터 온라인 이벤트를 열어 시민의 자발적인 참여를 유도했다고 한다. 자신을 보호하기 위해 자발적으로 마스크를 쓰고, 공동체의 안녕을 기원하며 자발적으로 광고 제작에 참여한 것이었다. 백신이 아직 개발되기 전 마스크는 코로나19를 이길 수 있는, 누구나 참여할 수 있는 효과적인 답이었다.

그렇지만 누구나 '당연히' 참여할 수 있는 것은 아니었다. 마스크를 썼다고 해서 혐오와 폭력을 감당해야 했던 이들이 있었다. 마스크 착용이 익숙하지 않은 사회에서, 특정 지역과 인종에 대한 편견이 이미 존재하던 사회에서 마스크는 코로나바이러스보다 더 위험한 신호였다. 마스크를 쓰는 것이 쉽지 않았던 경우도 있었다. 코로나19 유행이 아니더라도 마스크를 꾸준히 써 온 경험이 간과된 사회에서, 수량이 충분하지 못한 마스크를 어떻게 분배할지 혼란스러운 사회에서, 이미 사각지대에 있던 이들은 자발적으로 마스크를 쓸 자격이나 기회를 충분히 얻지 못했다. 마스크 쓰기는 누구나 참여할 수 있었지만, 모두에게 똑같이 쉬웠던 것은 아니었다.

나를 증명하는 기술

QR 코드

다양한 영역에서 정보를 확인하고 모바일 결제를 하는 데 사용되던 QR 코드는 코로나19 유행과 함께 다소 새로운 방식으로 활용되기 시작했는데, '내가 원하는 정보'가 아니라 '나에 대한 정보'를 담는 기술로서 그 성격이 바뀐 것이다. 물론 예전에도 개인정보가 들어 있는 QR 코드를 인쇄한 모바일 신분증이나 모바일 결제를 위해 자신의 카드/계좌 정보가 담긴 QR 코드를 생성하는 경우가 있었다. 그러나 코로나19가 대유행하면서, QR 코드는 공중보건을 위해 나에 대한 정보를 담아 보여주고 내가 안전한 인물이라는 사실을 증명하는 방역 기술로 사용되었다.

#2. 건물에 들어갈 때마다 잠시 주춤한다. 휴대폰을 꺼내 앱을 켜고 검색을 눌러 출입문 앞에 비치된 QR 코드를 스캔한다. 다른 곳에서는 아예 나의 휴대폰으로 QR 코드를 생성하여 보여주거나 사장님이 스캔할 수 있도록 제시해야 한다. 코로나가 유행하면서 QR 코드는 주민등록증이나 여권처럼 내가 누구인지 증명하는 또 다른 신분증이 되었다.

이미 오래전부터 사용되어 왔지만, 코로나19 대유행 덕분에 더욱 익숙해진 또 하나의 과학기술이 QR 코드이다. 'Quick Response Code'의 줄임말인 QR 코드는 1994년 일본의 덴소 웨이브(Denso Wave)가 개발했는데, 기존의 1차원적인 바코드에 비해 훨씬 많은 정보를 표시하고 인식할 수 있었다. 우리나라의 경우 2002년 10월 산업자원부 산하 기술표준원이 QR 코드를 KS 규격으로 확정하면서 도입되었고, 유통업계뿐 아니라 일상생활 곳곳에서 폭넓게 활용되었다. 그리고 코로나19를 겪으면서 우리는 자신의 동선과 백신 접종 여부를 확인받기 위해 QR 코드를 이용했다.

QR 코드의 역사

QR 코드의 전신이라고 할 수 있는 바코드는 1949년 미국 필라델피아의 드렉셀 공대(Drexel Institute of Technology) 대학원생 실버(Bernard Silver)와 우드랜드(Joseph Woodland)가 발명했다. 이들이 만든 바코드는 굵기가 서로 다른 흑백 막대를 조합해 이를 컴퓨터가 이진법으로 인식하는 것이었다. 코드에 레이저를 비추어 반사되는 양상을 구분하는 원리였는데, 검은 막대는 레이저를 많이 흡수하기 때문에 상대적으로 적은 빛을 반사했고 흰색 막대는 더 많은 빛을 반사했다. 이런 차이를 0과 1로 인식하여, 흑백 막대의 굵기와 배열에 따라 정보를 판독할 수 있도록 고안된 것이 바코드였다. 1949년 발명되고 3년 뒤 특허를 받았지만, 바코드가 상업적으로 활용되는 데에는 시간이 걸렸다. 1970년대부터 일부 슈퍼마켓에서 바코드가 부착된 제품 정보를 읽는 방식이 도입되었고, 이후 비행기 탑승객의 수화물을 분류하거나 다리 통행권의 유효기간을 점검하고 신분증의 바코드로 신원을 확인하는 등 그 활용 범위가 점차 넓어졌다.

우리나라의 경우 국제표준에 맞는 바코드를 처음 사용한 것은 1988년이지만, 그 이전부터 여러 유통업체가 나름의 바코드를 만들어 사용했다. 뉴코아 유통은 1984년에 자체적인 바코드를 개발하여 제품을 신속히 계산하고 재고를 파악할 수 있는 시스템을 도입했다. POS(Point of Sales, 판매시점 전산관리)라고 하는 이 시스템은 편의점이나 백화점에서 제품을 판매할 때, 가격을 확인하거나 재고를 파악하고 새로운 물량을 주문·입고하는 과정을 컴퓨터로 관리하여, 유통의 효율을 높이는 것이었다.

그렇지만 POS 시스템의 전제 조건은 제품 정보를 담은 코드가 표준화되어야 한다는 것이었다. 코드를 인식하는 스캐너나 인식된 정보를 취합하는 컴퓨터 기술도 중요했지만, 제품별 코드가 제각각이라면 점포마다 정보가 다를 수밖에 없었고, 이를 인식하는 POS 시스템 공급업체도 혼선을 빚을 수밖에 없었다. 뉴코아 유통뿐만 아니라 롯데·현대·신세계 등 대형 백화점이 POS 시스템을 활용하고 있었지만, 백화점마다 통일되지 않은 바코드를 사용하는 바람에 상호 호환성이 떨어지는 불편을 겪었다. 또한 금성사·연희전산·해태상사·신흥전자·삼성반도체통신 등 여러 공급업체가 POS 시스템 시장에 뛰어든 상황에서, 제품별 코드를 표준화하는 것은 유통 정보화를 위해 꼭 필요한 일이었다. 이에 산업자원부 산하 공업진흥청과 대한상의는 각 유통업체에서 개별적으로 사용하고 있는 바코드를 표준화하는 한편, 1988년에는 한국산 제품이라는 것을 나타내는 '880' 코드를 국제상품코드관리협회로부터 부여받았다. 이로써 우리나라에서 생산된 제품은 '국가-제조업체-품목-검증코드'로 구성된 13자리 숫자의 바코드를 사용할 수 있게 되었다.

국제적으로 인정받는 바코드가 생기면서 국내 여러 분야에서 이를 적극 활용하기 시작했다. 신세계백화점은 본점의 POS 시스템을 3개의 분점과 연결하는 시스템을 구축했다. 이를 통해 모든 지점의 매장에서 판매되는 상품의 시간별 매출 정보, 재고량, 고객 정보를 판매 즉시 중앙호스트에서 처리, 관리할 수 있었다. 유통 분야뿐만 아니라 의료기관으로는 처음으로

바코드.

서울중앙병원(서울아산병원의 전신)이 1989년 환자의 진찰권을 마그네틱 카드로 제작하면서 바코드를 넣어 의무기록을 효율적으로 관리할 수 있는 방식을 도입했고, 서울대병원과 삼성의료원이 이를 뒤따랐다. 1991년에는 국내에서 출판되는 모든 도서에 바코드의 일종인 국제표준도서번호(ISBN)가 매겨졌고, 대학가에서는 도서관에서 도서를 대출하는 대출증과 학생증에 바코드가 들어갔다. 유통업계에서 일어난 자동화와 전산화는 상품 정보를 자동으로 인식하고 취합하는 POS 시스템 구축으로 이어졌고, 그 과정에서 표준화된 정보기술 즉 바코드는 이후 사회 전반으로 퍼져 나간 것이다.

그러나 바코드에 담을 수 있는 정보의 양이 제한적이었다. 막대형 바코드는 국가와 제조업체, 그리고 가격처럼 간단한 정보만을 담았기에, 원료

를 수급하는 것부터 완성품을 판매하는 모든 과정을 담아 내기는 역부족
이었다. 이런 곤란함을 먼저 깨달은 분야는 섬유·의류 업종이었다. 미국의
경우 1980년대 중반부터 의류업계의 소매업체와 제조업체가 컴퓨터 네트
워크를 구축하여, 상품의 판매 정보를 공유하면서 소비자의 기호를 파악하
고, 신상품을 기획·제작·판매하면서 유행의 추이를 모니터하는 방식을 도
입했다. 일명 QR(Quick Response)이라고 불렸는데, 제조-납품-도소매업체
가 POS 시스템에 등록된 정보를 공유하고, 재고 및 보충 상황을 파악하여
신속히 상품을 제작·납품·판매하는 시스템이었다.

우리나라의 경우 1990년대 초 섬유업계를 중심으로 QR 시스템을 도입
해야 한다는 목소리가 나왔다. 한때 산업 발전의 주역으로 각광 받던 섬
유산업이 사양산업으로 인식되면서 섬유업계는 새로운 전략으로 유통 혁
신을 주창했다. 의류와 패션에 대한 소비자의 기호가 시시각각 변하고 외
국 업체와 경쟁이 치열해지는 상황에서, 고부가가치의 다품종소량생산체
제를 구축하기 위해서 QR 시스템을 도입해야 한다는 것이었다. 이런 문제
의식 아래 한국섬유산업연합회가 1998년 롯데백화점과 속옷 전문 업체 신
영와코루를 시범업체로 선정하여, 한국형 QR 시스템의 가능성을 타진했
다. QR 시스템을 성공적으로 구축하기 위해서는 무엇보다 원료를 수급하
고 상품을 제조·판매하는 각 업체 사이에 정보가 원활하게 교환되는 것이
관건이었다. 어떤 상품이 많이 팔리는지를 실시간으로 전달받아 소비자의
동향을 파악하고, 이에 맞추어 생산량을 조절해야 하기 때문이었다. 이를
통해 생산부터 판매에 이르는 전 유통 과정에서 중복되는 것을 제거하고

재고율을 낮추며 유통비용을 줄일 수 있었다.

기존 바코드는 이런 QR 시스템을 구축하는 데 필요한 복잡한 정보를 저장하기 어려웠기 때문에, 새롭게 등장한 것이 바로 2차원적 바코드였다. 막대 모양의 바코드의 경우, 데이터 용량이 적었고 오류가 발생하면 고치는 것이 불가능했다. 그렇지만 2차원적인 사각형 바코드는 더 많은, 더 다양한 종류의 정보(숫자·문자 등)를 저장할 수 있었기에 유통 분야뿐 아니라 사회 전반에 활용될 수 있었다. 2차원적 바코드는 여러 가지 종류가 있는데, 우리나라의 경우 기술표준원이 이미 1999년에 국가표준으로 확정한 미국의 Data Matrix, Maxi Code 외에 2002년 새롭게 미국의 PDF417(표준번호 KSXISOIEC15438)과 일본에서 만든 QR 코드를 국가표준 KS(표준번호 KSXISOIEC18004)로 확정했다.

그중 QR 코드는 바코드보다 여러 측면에서 장점을 보였는데, 대표적으로 대용량 데이터를 저장할 수 있다는 점이었다. 바코드가 20자리 정도의 정보를 담았던 반면, QR 코드는 그보다 수십 배에서 수백 배의 정보를, 나아가 숫자와 문자·한글·기호 등 다양한 데이터를 담을 수 있었다. 또한 QR 코드는 가로와 세로 양방향으로 정보를 저장할 수 있었기에 기존 바코드와 비교할 때 똑같은 정보량을 1/10 정도 작은 크기에 담을 수 있었다. 게다가 가로 방향으로 일렬 배열된 바코드에 비해 QR 코드는 360도 어느 방향에서나 인식될 수 있었고, 일부가 손상되더라도 정보를 읽을 수 있었으며 손상 부위를 복구하는 것도 가능했다.

1980년대 초반부터 유통 혁신을 위해 산업계에서 도입한 바코드는 다양해지는 상품과 소비자 수요, 복잡한 유통 구조에 대응하기 위해 변화를 요구받았다. 그리고 외국에서 바코드보다 더 많은 정보를 안정적으로 저장·처리할 수 있는 2차원 바코드가 여럿 개발되었고, 국내에서도 그 필요성이 제기되었다. 이렇게 유통산업의 개선을 위해 도입된 2차원 바코드는 2002년 국가표준으로 지정되면서 산업계 전반에 활용될 수 있는 제도적 기반을 갖추었다.

스마트폰과 만난 QR 코드의 대유행

국가표준으로 확정된 2차원 바코드는 유통 분야뿐만 아니라 다양한 영역에서 사용되기 시작했다. 서울시 노원구청은 주민발송용 문건에 2차원 바코드를 넣기로 했고, 대구 북구청은 2003년 1월 기초자치단체 중 처음으로 지방세 납부 고지서에 QR 코드를 도입했다. KTF는 경희대, 숙명여대 학생들이 학교 홈페이지에서 QR 코드가 인쇄된 신분증을 휴대폰으로 내려받아 사용할 수 있는 서비스를 시작했다. 학생들은 QR 코드 학생증으로 도서관에서 책을 빌리거나 출석을 확인하고 성적을 조회할 수 있었다. 2005년 인터넷 예매 포털업체인 '티켓링크'는 모바일 서비스에 익숙해진 대학생들을 주요 대상으로 삼아, 종이 티켓 대신 2차원 바코드가 찍힌 모바일 학생증으로 문화시설을 이용하는 '미래게이트' 시스템을 도입했다. 2007년에는 약국 처방전에 QR 코드를 기재하는 임의 규정이 마련되었다. 이미 일부 의료기관이 여러 가지 2차원 바코드를 처방전에 사용하고 있었는데, QR 코드로 통일한 것이었다. 이는 여러 바코드를 인식해야 하는 약국의 불편함을 덜고 처방전의 위변조를 막으며, 나아가 입력 오류나 약제비 계산 실수 등의 문제를 줄이려는 취지였다.

특히 QR 코드는 일본 여행객을 대상으로 하는 관광 홍보에 적극적으로 활용되었다. 이미 2000년부터 QR 코드 인식 칩이 탑재된 휴대폰을 사용해 온 일본 여행객들이 한국을 방문할 때 다양한 정보를 쉽게 얻을 수 있도록 여러 지자체에서 QR 코드를 도입했던 것이다. 경상남도는 2009년 6월 국내 처음으로 QR 코드를 활용하여 지역 관광지나 음식점을 소개하는 서비스를 시작했다. 일본 여행객이 QR 코드를 찍어 클릭하면 지자체의 모바일 홈페이지에 연결되어 정보를 제공하는 방식이었다. 이를 위해 경상남도는 창원, 통영시, 하동 등 10개 시군부터 일본어 모바일 홈페이지를 개설하도록 했고, 일본의 유명 호텔과 공항, 국내 지자체의 명소에 QR 코드 홍보판을 설치했다. 뒤이어 부산시도 '일본 모바일 부산관광 홈페이지'를 개설하여 일본 여행객이 QR 코드로 접속할 수 있는 서비스를 시작했다.

이처럼 여러 분야에서 2차원 바코드 특히 QR 코드가 활용되었지만, 더욱 많은 사람이 보편적으로 사용하기 위해서는 한 가지 문제가 있었다. 휴대폰 속에 QR 코드를 인식할 수 있는 칩이 내장되어 있지 않거나 애플리케이션이 설치되지 않다면, 그리고 모바일 인터넷 환경이 충분히 구축되어 있지 않다면, 휴대폰으로 QR 코드를 인식하고 그 자리에서 인터넷으로 확인하는 것이 쉽지 않다는 점이었다.

QR 코드(도서출판 모시는사람들)

이런 곤란함은 2010년을 전후하여 최신 스마트폰이 대거 보급되고, 그에 발맞추어 무선 인터넷 데이터를 쉽게 쓸 수 있는 통신 시장이 형성되면서 해결되었다. 2009년 11월에 국내에 들어온 아이폰은 기존 스마트폰과 달리 터치스크린을 사용하고 PC처럼 다양한 앱을 내려받아 설치할 수 있어, 엄청난 관심을 받았다. 소비자뿐 아니라 국내 휴대폰 제조사나 이동통신 서비스업체 모두 아이폰의 파장을 주시하면서, 스마트폰이 가져올 모바일 시장의 변화를 주목했다. 앱스토어를 통해 다양한 앱을 설치할 수 있게 되면서 모바일 콘텐츠의 가능성이 부각되었고, 그중 하나로서 QR 코드를 이용한 광고가 주목받았다. 스마트폰이 등장하고 모바일 인터넷 환경이 바뀌면서 QR 코드가 더욱 보편적으로 활용될 수 있는 기술적 토대가 마련된 것이다.

인터넷 쇼핑몰 인터파크는 2010년 1월부터 QR 코드를 통해 특정 상품의 최저 가격 정보를 제공하는 '바코드 인식 가격 비교' 서비스를 제공했고,

3월부터는 QR 코드를 활용한 판매 서비스까지 시작했다. 휴대폰 액세서리 상품 정보를 담은 QR 코드를 노출시켜 이를 스마트폰으로 인식하면 해당 상품의 정보뿐 아니라 1,000원 할인쿠폰을 발급하는 것이었다. 뷰티업계 아모레퍼시픽의 화장품 브랜드 '라네즈'는 제품을 홍보하기 위해 QR 코드 서비스를 시작했고, 게임업체 윈디소프트는 온라인 실시간 전략게임에 QR 코드를 도입하여 게임 정보를 제공했으며, 서울시는 시정 홍보를 위해 QR 코드를 도입했다.

아이폰의 국내 출시 이후 모바일 광고 및 콘텐츠에 대한 관심이 커지는 가운데, 2010년 4월 삼성은 안드로이드폰 '갤럭시A'를 출시하면서 QR 코드 인식이 가능한 앱 '크루크루(Qroo Qroo)'를 탑재했다. 6월에는 다음커뮤니케이션이 변화된 환경에 맞추어 더욱 진보한 스마트폰용 'Daum' 앱을 선보였다. 여기에는 모바일 음성 검색 및 스마트폰의 카메라 모듈을 활용해서 상품의 QR 코드를 찍어 검색을 할 수 있는 서비스도 포함되었다. 스마트폰 이용자가 'Daum' 앱을 실행한 뒤 코드 검색을 클릭하고 상품의 바코드나 QR 코드를 카메라 사각 프레임에 맞추어 찍으면, 코드가 인식되면서 다음의 쇼핑 검색 서비스인 '쇼핑하우'와 연동되어 상품 정보가 나타나는 방식이었다.

이처럼 2009년 말부터 아이폰, 갤럭시A와 같은 스마트폰이 대거 보급되고 이에 발맞추어 모바일 인터넷 환경이 만들어지면서, QR 코드는 유통 분야를 중심으로 그리고 일상의 영역에서도 널리 사용되었다. 현대자동차는 신형 아반떼를 홍보하기 위해 전국 주요 대리점과 시내 주요 거점·영화관·

지하철역 등에 QR 코드가 삽입된 광고물을 설치했고, 인터넷서점 예스24는 아이폰 카메라를 책 뒷면 바코드에 대면 자동으로 도서 정보를 검색하고 구매할 수 있는 서비스를 출시했다.

의료 분야 역시 예외는 아니었다. 2010년 9월 경희대 동서신의학병원은 국내 종합병원으로서는 최초로 QR 코드 서비스를 도입했는데, 양한방 건강 정보와 칼럼 등 다양한 콘텐츠를 QR 코드로 확인할 수 있는 방식이었다. 제약 회사 현대약품은 탈모 치료제인 '마이녹실'에 대한 다양한 정보(사용 설명서·영상·이미지·CF 등)를 QR 코드로 확인할 수 있는 마케팅을 진행했으며, 함소아제약은 자사의 모든 제품에 대한 정보를 확인하고 할인쿠폰을 받을 수 있는 QR 코드 서비스를 2011년 가을 시작했다. 서울대암병원은 각종 암 질환에 대한 소개와 치료 및 약물에 대한 정보를 QR 코드로 제공하는 서비스를 실시했고, 식품의약품안전청은 2012년 1월부터 의료 기기 제품에 대한 정보를 QR 코드를 통해 제공했다. 심지어 작은 알약 속에 QR 코드를 삽입해 '짝퉁약'을 찾아내는 기술도 개발되었다.

공공 분야나 교육 시장에서도 QR 코드를 심심찮게 볼 수 있었다. 포항시는 부정 비리 신고를 위한 익명 제보 시스템으로 QR 코드를 활용했다. 신고자가 익명 제보용 QR 코드를 스마트폰 카메라로 찍어 이름이나 비밀번호를 넣지 않고도 바로 신고할 수 있도록 한 것이다. 서울 강남구는 코엑스와 가로수길에 보도블록을 깔면서 그중 8개에 QR 코드를 부착해, 관광 안내를 받을 수 있는 서비스를 시작했다. 학교 안내문을 QR 코드로 제작한 사례가 알려지는가 하면, 고등학교 참고서 표지에 인쇄된 QR 코드를 찍으면 동영상 강의를 들을 수 있는 사교육 서비스도 등장했다. 이처럼 QR 코드는 제조, 유통, 모바일 콘텐츠, 공공 분야 등 다양한 영역에서 활용되면서 '신풍속도'를 만들었다. 한 조사업체의 조사 결과에 따르면, 전체 응답자(만 19~44세 성인 남녀 1,200명) 중 70%가 바코드 및 QR 코드를 스캔하는 앱을 설치한 경험이 있었다고 한다.

나아가 QR 코드는 금융 분야에서 기존 결제 방식을 대신하는 모바일 결제 기술의 하나로도 일상 깊숙이 들어왔다. 스마트폰이 유행하기 시작한 2010년 말 롯데홈쇼핑은 QR 코드를 이용한 결제를 업계 처음으로 도입했다. 롯데홈쇼핑의 카탈로그에 인쇄된 QR 코드를 스마트폰으로 찍으면, 유명 쇼호스트가 상품을 홍보하는 'VOD 영상 플레이'와 '결제' 버튼이 뜨고, 영상을 시청한 후 바로 결제할 수 있는 방식이었다. 이때의 결제는 신용카드나 무통장입금으로 진행되었는데, QR 코드를 통해 기존 결제 시스템으로 연결되는 것이었다. 여기서 한 발 더 나아가 2013년에는 스마트폰으로 특정 앱을 내려받아 본인의 은행 계좌와 연동시킨 후, 상품을 결제할 때 해당 앱으로 QR 코드를 생성하여 리더기에 인식시키는 모바일 직불 결제 방식이 소개되었다. 신용카드 정보를 입력하거나 무통장입금을 하는 대신 혹은 휴대폰에 모바일 카드를 저장하지 않아도, QR 코드를 활용해 간편하게 결제하는 것이었다.

이동통신사와 모바일 업체, 정부와 지자체, 신용카드사들이 뛰어든 다양한 방식의 모바일 결제 시장이 형성되면서 QR 코드는 더욱 적극적으로 활용되었다. 모바일 메신저 업체 카카오는 2014년부터 카카오 앱으로 QR 코드를 인식하면, 이미 연동된 신용카드로 결제되거나 가상계좌에서 출금되는 결제 서비스를 시작했다. 2018년 말에는 BC카드가 앱 '페이북'에서 'QR 결제'를 선택한 뒤 가맹점의 인식기에 인식시키면 결제가 진행되는 서비스를 출시했다. 비슷한 시기 서울시와 한국은행 등은 QR 코드를 이용하여 결제 금액을 입력하면 연동된 계좌에서 자동으로 이체되는 직불결제 서비스를 선보였다. 카카오나 정부, 지자체의 '페이' 서비스는 이용자의 계좌에서 돈이 빠져나가는(직불) 방식이었고, 카드사의 QR 결제는 기존 신용결제 시스템을 이용한다는 차이가 있었지만, 모두 QR 코드를 이용한다는 공통점을 지녔다. 이처럼 현금이나 신용카드 실물로 직접 결제하던 과거를 대체하는 모바일 결제 시장은 꾸준히 성장했고, 그 핵심 기술 중 하나가 QR 코드였다.

팬데믹과 QR 코드

다양한 영역에서 정보를 확인하고 모바일 결제를 하는 데 사용되던 QR 코드는 코로나19 유행과 함께 다소 새로운 방식으로 활용되기 시작했는데, '내가 원하는 정보'가 아니라 '나에 대한 정보'를 담는 기술로서 그 성격이 바뀐 것이다. 물론 예전에도 개인정보가 들어 있는 QR 코드를 인쇄한 모바일 신분증이나, 모바일 결제를 위해 자신의 카드/계좌 정보가 담긴 QR 코드를 생성하는 경우가 있었다. 그러나 코로나19가 대유행하면서, QR 코드는 공중보건을 위해 나에 대한 정보를 담아 보여주고 내가 안전한 인물이라는 사실을 증명하는 방역 기술로 사용되었다.

코로나19 초창기에 QR 코드는 특정 시설을 방문하거나 출입하는 사람의 건강 정보 자체를 담았다. 코로나19 확진자가 점차 늘어나던 2020년 3월 연세대 세브란스 병원과 강남 세브란스 병원은 모바일 사전 문진 서비스를 개시했다. 병원 예약 방문객에게 당일 오전 6시쯤 카카오톡이나 문자로 '모바일 사전 문진' 메시지를 발송하면, 환자가 문진표를 작성하는 것이었다. 해외 방문 이력, 확진자가 다수 발생한 곳을 방문했는지 여부, 발열이나 호흡기 증상 여부를 묻는 문진표를 작성하면, 그 정보가 담긴 QR 코드가 만들어졌다. 아무 문제가 없으면 검은색, 혹시 문제가 있으면 붉은색 QR 코드가 생성되고, 병원 출입구에서 이를 확인받아야 했다. 이때 QR 코드는 환자 자신의 건강 정보를 담고 있으며, 다른 사람에게 자신의 신분뿐 아니라 건강 상태를 확인받는 기술이었다. 코로나19 대유행이 낳은 새로운 풍경이었다.

이는 한국만의 모습은 아니었다. 다양한 IT 기술을 이용한 방역 활동이 전 세계적으로 진행되던 즈음, 중국의 저장성·쓰촨성 주민은 자신의 검역 정보가 담긴 QR 코드를 휴대폰에 저장했다가 공안이 스캔을 요구할 때마다 응해야 했다. 상하이는 건강 상태에 따라 3등급으로 나눈 QR 코드를 시민들에게 발급하여 다중이용시설을 이용할 때 확인받도록 조치했다. '건강 신분증'이라고도 불린 이 QR 코드는 건강 상태에 따라 초록(양호)·노랑(주의)·빨강(확진)으로 나타나는데, 여기에는 개인의 진료기록, 위치 정보, 통신 내역, 결제 정보 등이 반영되었다. 러시아는 시민들이 식료품점이나 실내 시설을 이용할 때 개인정보가 담긴 QR 코드를 찍도록 하는 '외출 통제' 방침을 도입하려다가 여론에 밀려 철회했다. 전 세계적으로 방역을 위해 수많은 IT 기술이 활용되었는데, 그중 하나가 개인의 정보를 담은 QR 코드였다.

우리나라에서 코로나 확진자 및 일반 국민의 동선을 확인하기 위해 QR 코드가 도입된 것은 2020년 6월이었다. 확진자나 접촉자가 자신의 동선을 거짓으로 진술하여 감염 피해가 확산된다는 우려 때문이었는데, 특히 이태원클럽 방문 이후 확진 판정을 받은 '102번 확진자'처럼, 역학조사에서 자신의 신분이나 동선을 숨기면서 피해가 커진 사례들이 보도되었다. 이런 허위 진술이나 방문록 허위 작성을 막기 위한 보완책으로 특정 시설을 출입할 때 QR 코드를 활용하는 방안이 거론되었고, 강원도·서울시 성동구·인천광역시·대구광역시 등 일부 지자체에서 QR 코드를 통한 방문자 확인 시스템을 도입했다.

그리고 6월부터 중앙정부 차원에서 전자출입명부 시스템이 도입되었다. 중앙안전재난대책본부가 네이버 등 QR 코드 앱 운용회사와 협력하여 구축한 이 시스템은, 특정 시설 출입 전에 개인별로 암호화된 1회용 QR 코드를 발급받아 시설 관리자에게 제시하고, 관리자는 별도의 앱으로 이를 스캔하여 저장한다. 이렇게 스캔된 정보는 사용자의 이름과 연락처, 출입 시설명과 시간 등 방역에 필요한 개인정보이다. 6월 10일부터 고위험시설 8개 및 각 지자체가 행정조치를 내린 시설들에서는 의무적으로, 박물관이나 교회 등에서는 자발적으로 전자출입명부 제도가 전국적으로 시행되었다. 정부의 전자출입명부 시스템 구축과 운영에 네이버·카카오톡·이동통신 3사가 협조하면서, 사실상 거의 전 국민이 일상생활에서 QR 코드를 접하고 사용하는 혹은 '사용해야 하는' 길이 열린 것처럼 보였다.

그렇지만 나의 정보를 QR 코드에 담아 제공하는 전자출입명부 시스템은 불편과 불만을 낳기도 했다. 스마트폰으로 QR 코드를 발급받는 방식에 익숙하지 않은 연령층이나 부모의 인증이 필요한 어린이, 개인정보 노출에 민감한 사람들은 이런 방식을 꺼렸던 것이다. 시범 운영 기간 동안 여전히 많은 사람이 수기 명부를 선호했다거나 새로운 시스템을 방문객에게 안내하는 것이 쉽지 않았다는 언론 보도는 이런 상황을 잘 보여주었다.

그리고 8월부터 거리두기 방역지침을 2단계로 강화하여 음식점과 카페까지 전자출입명부 시스템을 적용하면서, 이를 활용하기 어려운 사람이 실제로 겪는 불이익도 거론되었다. 스마트폰과 QR 코드를 활용한 디지털 방역 체계가 만들어지고 폭넓게 적용되는 가운데, 스마트폰이 없거나 제대로 활용하기 힘든 소위 '자기 증명에 취약한 계층'이 차별을 겪을 수도 있다는 것이었다. 외국인 등록증이 없거나 제때 발급받지 못한 외국인들, 보호자의 인증을 거치거나 별도의 앱으로 접속해야만 QR 코드를 사용할 수 있는 미성년자, 휴대폰이나 QR 코드 인증에 익숙하지 않은 노년층이 그러했다.

현재 코로나19로 인한 거리두기 단계가 격상되면서 거의 모든 시설 입장을 위해 QR 코드를 통한 전자명부 기입이 의무화되고 있다. 하지만 외국인들은

QR 코드 발급에 어려움을 겪고 있다. 한국은 QR 코드 발급을 위해 카카오톡, 네이버 등 실명 인증이 필요한 플랫폼을 이용하고 있다. 따라서 외국인 등록증이 없는 한국 내 거주 외국인들은 해당 서비스를 이용하지 못하게 되는 것이다. 외국인 등록 절차를 밟아야 하는 교환학생 같은 경우에는 QR 코드 사용이 가능하지만, 제시카 씨처럼 등록증이 나오기 전까지는 관광객들처럼 수기 명부를 작성해야 한다. 그러나 제시카 씨는 이러한 QR 코드 발급 절차에 대해 교환 학교로부터 어떠한 공지조차 받지 못했다고 전했다.[*]

또 다른 불만은 일상생활에서 QR 코드로 수집된 개인정보가 얼마나 잘 보호될지를 둘러싼 것이었다. 이런 불안함은 비단 QR 코드를 활용한 시스템에서만 제기된 것은 아니었다. 수기로 명부를 작성할 때도 이름과 전화번호 등 개인정보를 누군가 몰래 촬영하거나 악용하지 않을까 하는 우려가 있었다. 그러나 전자출입명부 시스템에 이용되는 QR 코드의 양이 기하급수적으로 늘어나면서, 개인정보 보호에 대한 우려는 계속 제기되었다. 6월 600여만 건, 7월 3,250여만 건, 8월 3,350여만 건, 9월 7,350여만 건 등 4개월 동안 QR 코드 사용량이 1억 4,000만 건에 달했는데, 이를 어떻게 관리, 감독할 것인지에 대한 지침이 미비하다는 지적이었다.

---

[*] "“일상생활도 힘들어요”.. QR 코도 안내도 못 받고 눈치받는 외국인 유학생들", 『매거진한경』, 2020.12.13.

이런 상황에서 전자출입명부를 의무적으로 도입할 필요가 없는 시설이나 이를 활용하기 어려운 경우를 대비하여, 출입 내역이나 동선을 기록하고 확인할 수 있는 다른 방식(수기 명부 작성)이 공존했고 시간이 지나면서 새로운 방법(전화 인증, 문자 체크인 서비스 등)이 추가되었다. QR 코드를 활용한 시스템이 다른 방식에 비해 기술적으로 심각한 한계나 문제를 가진 것은 아니었지만, 디지털 소외나 개인정보 보호 등의 이유로 인해 전자출입명부 시스템이 일률적으로 적용·정착되지는 못했던 것이다.

QR 코드는 출입 기록을 확인하는 것뿐만 아니라 백신 접종을 증명하는데에도 활용되었다. 유럽과 미국에 비해 늦게 백신 접종을 시작한 국내에서는 이를 증명하는 여러 가지 방식이 공존했는데, 앞서 언급한 QR 체크인의 경우와 비슷했다. 정부는 이미 백신을 접종했다는 종이 증명서를 발급하던 것에 더하여 2021년 5월부터 QR 코드로 된 증명서를 발급했다. 여기에는 접종자의 이름·생년월일 등이 포함되었는데, 이를 발급받으려면 스마트폰으로 '질병관리청 COOV' 앱을 내려받은 뒤 본인 확인을 거치기만하면 되었다.

그렇지만 QR 체크인과 마찬가지로 모바일 앱을 내려받고 접속하여 본인인증을 하고 증명서를 발급받는 과정 자체가 모두에게 똑같이 쉬운 것만은 아니었다. 모바일로 접종을 인증하기 어려운 노령층은 병원이나 보건소, '정부24' 등 정부 공공 사이트에서 발급받은 종이 증명서를 들고 다니거나 이를 촬영한 화면을 보여주며 다중이용시설을 출입했는데, 이를 분실하거나 훼손된 사례가 종종 보도되었다. 이런 노인들을 위해 당국은 6월 말부터 '접종인증스티커'를 배포하기로 했는데, 행복복지센터에서 백신 접종 정보를 적은 스티커를 받아 신분증에 붙이고 다니는 것이었다. 그리고 7월 중순부터는 QR 체크인에 백신 접종까지 증명할 수 있도록 통합하는 방식이 도입되었다. 특정 시설을 출입할 때 QR 체크인 외에 수기 명부 작성 등 여러 방식이 있었듯이, 백신 접종을 증명하는 데에도 다양한 방법이 공존했던 것이다. 이런 공존은 스마트폰과 결합된 QR 코드 방식을 제대로 활용하기 어려운 계층을 위한 것이기도 했다.

나가며

유통업계의 경영 혁신을 위해 바코드에 이어 도입된 QR 코드는 국가표준으로 지정된 직후 산업계뿐 아니라 일상 깊숙이 파고들었다. 유통 현장의 생산-판매-소비 과정에서 상품 정보를 과거보다 다양하고 빠르게 확인하는 데 기여했을 뿐만 아니라, 애초 예상하기 어려웠던 수많은 영역에서 QR 코드는 널리 활용되었다. 이 배경에는 스마트폰의 대중적 보급과 모바일 데이터를 활용할 수 있는 무선 인터넷 환경의 구축이 있었다. 새로운 스마트폰과 이에 조응한 무선 인터넷 환경은 모바일 시장이 형성되는 계기를 마련했고, 그 가운데 QR 코드는 오프라인과 비교할 수 없을 정도로 정보를 제공하는 기술, 그리고 모바일 결제의 핵심적인 기술 중 하나로 자리 잡았다. 유통 현장을 넘어 일상으로 QR 코드가 파고든 데에는 그 자체의 장점뿐 아니라, QR 코드를 둘러싼 또 다른 기술(스마트폰, 무선 인터넷, 모바일 결제 기술 등)과의 얽힘이 중요했다.

코로나19 대유행은 이런 QR 코드를 이전과 다른 모습으로 바라보게 했다. 원할 때 이용하고 원하지 않을 때는 외면해도 되는 기술인 QR 코드가, 전염병의 시대에는 원하지 않아도 사용할 수밖에 없는 기술로 다가왔다. 나의 개인정보를 QR 코드에 딤아 제공해야만 그나마 원하는 일상을 누릴 수 있었기에, QR 코드는 일견 강제적인 기술로 인식되기도 했다. 게다가 QR 코드를 대신할 여러 방법(수기 명부 작성, 안심전화번호, 문자메시지 체크인, 종이증명서, 접종증명스티커 등)이 존재했기에, QR 코드는 원하던 때와 장소에서 이용하던 과거와는 다른 인상을 주기도 했다. 심지어 백신 접종이 반강제적으로 요구되고('방역패스') 이를 거부하면 불편한 생활을 해야 하는 상황에 대한 찬반 논란이 불거지면서, 백신 접종을 증명하는 기술로서 QR 코드는 모바일 세상의 편리함을 제공하던 예전과는 낯선 모습으로 다가왔다. 하물며 그 QR 코드에 내가 원하는 타자의 정보가 아니라 나의 정보를 담아야 한다면, 그리고 그 정보가 어떻게 보호될지 일말의 의구심이라도 든다면, 더욱 그러했을 것이다.

팬데믹을 더 이상 말하지 않는 지금 QR 코드를 사용하는 모습은 과거로 회귀한 듯하다. QR 코드를 스캔하여 복권 당첨 번호를 확인하고, 병원 처방전이나 각종 광고나 공지 사항을 간편하게 읽으며, 도서관에서 책을 대출하고 마트에서 모바일 결제를 한다. 코로나19 대유행을 겪으면서 남녀노소 누구나 어쩔 수 없이 사용했던 QR 코드의 경험은 이제 그 기술을 훨씬 더 익숙하게 만들었다. 사용하지 않아도 그만일 수 있지만, 굳이 거부할 이유도 없을뿐더러 사용하면 훨씬 편리한 그런 기술로 QR 코드는 일상 깊숙이 들어와 있다.

그렇지만 그런 익숙함이 만든 낯선 풍경 중 하나는, 아이스크림이나 과자를 판매하는 무인 상점이나 대형 마트와 편의점에 설치된 무인 계산대('셀프 계산대')이다. 물론 코로나19 이전에도 무인 계산대가 없었던 것은 아니지만, 초기 기술 비용이나 운영상의 문제, 그리고 일부 소비자의 불만이나 외면 등으로 크게 유행하지는 못했다. 그렇지만 코로나19를 겪고 소위 '언택트 문화'가 퍼지면서, 제품의 정보를 직접 QR 코드로 스캔하고 결제하는 방식이 더욱 확산되었다. 더 능숙하고 아니고를 떠나서, 누구의 정보인지를 떠나서, 어쩔 수 없이 사용해야 하는지를 떠나서, 출입문 앞에서 QR 코드를 생성하고 스캔하던 팬데믹의 경험이 팬데믹 이후에도 무인 계산대 앞에서 이어지고 있는 셈이다.

새로운 연결과 또 다른 단절의 기술 ——————————

———— 화상회의 시스템Zoom

화상회의 시스템(Zoom)은 코로나19라는 전례 없는 위기 속에서 일시적으로 사용된 화상 기술이 아니라, '멀리 떨어져 있어야 하는' 일상을 위한 인프라로 자리 잡았다. 우리는 사각의 화면을 통해 물리적 거리를 극복하고 배움과 노동, 그리고 관계를 지속할 수 있었다. 예전만큼은 아니지만, 코로나 위기가 끝난 지금도 우리는 Zoom을 통해 연결된 삶을 이어 가고 있고, '성실한 접속'이 나의 존재를 증명하는 시간을 보내고 있다.

#3. 방금 문자를 받은 회의실 주소로 접속한다. Zoom 화면이 뜨면 참가자의 얼굴이 주르륵 보인다. 멀리 있거나 해외에 사는 반가운 이도 있다. 머리를 다듬고 적당히 옷을 갖춰 입은 참가자도 있지만, 세수도 하지 못한 부스스한 얼굴도 있다. 바지는 제대로 입었을까? 화려한 배경 이미지와 뿌연 화면으로 지금 어디에 있는지를 감추기도 하지만, 가끔 적나라하게 뒷공간을 들켜 버린다. 열심히 말을 하는 사람에 비해, 듣는 사람들이 얼마나 집중하고 있는지는 사실 잘 모르겠다. 수많은 얼굴이 서로를 보고 있지만, 그 시선들이 조금씩 어긋나기도 한다.

2020년 봄 여러 명이 좁은 공간에서 오랫동안 모여 있는 것은 위험했다. 수업이든, 회의든, 학술대회든 얼굴을 직접 마주하는 것(contact)은 금지되었다. 그 대신 멀리 떨어져 있어도 서로를 연결해 주는 '비대면(untact)'이 일상을 지배하는 '뉴노멀(new normal)'로 등장했다. 멈춰 버릴 것 같던 세상은, 컴퓨터 모니터와 스마트폰 속 손톱만 한 얼굴들의 수많은 대화로 여전히 잘 굴러갔다. 최대한 만나지 말라고 요청받던 시기에, 역설적으로 더 많은 사람을 더 자주 볼 수 있었다. 그렇지만 누군가를 만나기 위해 애써 움직일 필요가 없어진 대신, 더 번거로운 준비 과정을 거쳐야 했다. 나를 보여주거나 누군가를 보는 방식이 거슬릴 때도 있었고, 불필요하거나 어색한 만남으로 더 피곤해졌다. 코로나19 시대에 화상회의 시스템(zoom)은 세상을 더 넓게 연결했지만, 그 만남이 이전과 같지는 않았다.

화상통화, 화상회의 그리고 Zoom

멀리 있는 사람의 얼굴을 보면서 대화할 수 있는 기술은 백여 년 전부터 등장하기 시작했다. 1927년 미국의 통신 회사 '아메리칸 텔레폰 앤 텔레그래프 컴퍼니(AT&T)'가 선보인 것이 처음이었는데, 한쪽에서만 상대방의 얼굴을 볼 수 있는 일방향 비디오폰이었다. 4월 7일 AT&T의 회장 월터 기포드(Walter S. Gifford)는 뉴욕 사무실에서 이 비디오폰을 시연했는데, 그가 얼굴을 보면서 통화한 상대방은 워싱턴 D.C.에 있던 (2년 뒤 대통령이 될) 미국 상무부 장관 로버트 후버(Robert Hoover)였다. 《뉴욕 타임즈》는 이 시연을 보도하면서 "텔레비전 테스트에서 멀리 있는 사람의 말을 잘 들을 수도, 잘 볼 수도 있었다."고 썼지만, 상업적인 이용은 아직 의문이라고 언급했다.*

---

* "Far-off speakers seen as well as heard here in a test of television," *New York Times* (1927. 4. 8).

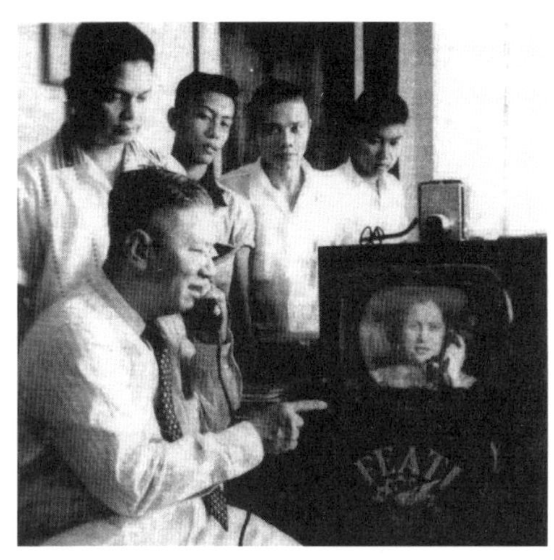

〈그림 1〉 필리핀 과학자 그레고리오 자라가 쌍방향 비디오폰으로 통화하는 모습.
출처: https://upload.wikimedia.org/wikipedia/commons/2/2c/Gregorio_Y._Zara.jpg

AT&T의 시연 이후 더 나은 화상통화 기술을 개발하려는 시도가 여러 번 있었지만, 서로 얼굴을 볼 수 있는 비디오폰이 발명된 것은 1955년이었다. MIT에서 공부한 필리핀의 공학자이자 과학자인 그레고리오 자라(Gregorio Y. Zara)가 '영상전화용 신호 분리 네트워크(photo phone signal separator network)'라는 이름으로 특허를 받은 쌍방향 비디오폰이었다. 그리고 곧 이어 AT&T도 1964년 뉴욕에서 열린 세계박람회에서 상대방의 얼굴을 볼 수 있는 'Picturephone'을 선보였다. 박람회에서 성공적인 시연을 한 직후 AT&T는 곧 뉴욕과 시카고, 워싱턴에서 이 비디오폰으로 통화할 수 있는 서비스를 시작했다. 그렇지만 3분 통화 요금이 16~27달러로 고가였기에 이용객이 많지 않았고, 사업 부진을 겪다가 1970년에 해당 서비스를 중단했다.

이후로도 AT&T는 더욱 개선된 Picturephone을 개발하여 다른 지역에서 서비스를 시작했지만 쉽게 성공을 거두지는 못했다. 이런 부진에는 몇 가지 이유가 있었는데, 가장 큰 이유는 통화요금이 지나치게 비쌌기 때문이었다. 지역에 따라 편차는 있었지만, 1970년에 펜실베이니아 피츠버그 중심가에서 새로 선보인 서비스의 경우 한 달 30분 기본통화요금이 160달러였고 추가 1분당 0.25달러가 더 부과되었다. 비싼 요금도 문제였지만, 당시 화상통화를 굳이 이용하려는 고객이 많지 않았다는 것도 또 다른 이유였다. 새로운 기술이 시장에서 자리 잡기 위해서는 비용뿐 아니라 여러 불편에도 불구하고 계속 관심을 가지고 이용해 주는 고객이 필요한데, Picturephone은 그런 충성스러운 고객을 확보하는 데 실패했다. 누군가 이 비디오폰으로 통화를 하고 싶어 하더라도 상대방 지역에 그런 기기가 없다거나 구태여 화상통화 하기를 꺼려 하면, 새로운 기술은 무용지물이었다.

거듭된 부진에도 불구하고 AT&T는 1992년 'Videophone 2500'이라는 새로운 화상통화 제품을 선보였다. 보통 전화기 크기의 Videophone 2500에는 접었다 펼 수 있는 패널에 3.3인치 크기의 화면과 카메라 렌즈가 장착되어 있었고, 컬러 화면으로 상대방을 볼 수 있었다. 이 비디오폰은 출시된 직후 미국뿐 아니라 세계 32개국에 수출될 정도로 주목받았지만, 가격이 1,499달러로 고가여서 판매 부진을 면하지 못했고, 결국 1993년 생산이 중

단되었다. 50여 년 전《뉴욕 타임즈》의 예상은 여전히 유효했다.

전화기를 이용한 화상통화가 시장에서 고전하는 가운데, 다른 방식으로 얼굴을 보면서 통화하거나 심지어 여럿이 회의할 수 있는 기술이 1990년대에 소개되었다. 그중 하나는 1994년 인텔이 선보인 Proshare였는데, 이는 전화 회선이 아니라 종합정보통신망(ISDN, Integrated Services Digital Network)으로 연결된 개인용 컴퓨터(PC)를 통해 최대 24명까지 화상으로 회의할 수 있는 기술이었다. 1980년대부터 PC가 보급되기 시작하면서, Proshare는 비디오폰이나 다른 하드웨어를 갖춘 기업 혹은 관공서 회의실이 아니더라도, 개인 책상에서 컴퓨터만 있으면 사용할 수 있었다. 게다가 음성이나 영상뿐 아니라 문서나 간단한 파일을 공유하는 것도 가능했다. 이런 측면에서 과거 화상전화보다는 유리했지만, 전용 카메라와 마이크, 스피커, 소프트웨어 등이 포함된 제품의 가격이 저렴하지는 않았기 때문에 대중적으로 널리 이용되기는 어려웠다. 하지만 Proshare는 비디오폰과 달리 PC 기반의 화상통화 및 회의가 가능하다는 것을 보여주었으며, 이후 더 나은 화상회의 기술이 등장하는 데 영감을 주었다. 2003년에는 인터넷을 통해 외국에 있는 사람과 음성·영상 통화할 수 있는 Skype가 선보였고, 2013년에는 클라우드 서버를 기반으로 하여 다양한 규모로, 그리고 더욱 안정적으로 화상회의를 할 수 있는 Zoom이 개발되었다.

Zoom 이외에도 WebEx(1999)나 Google Meet(2017)와 같은 화상회의 플랫폼이 있었지만, 코로나19 대유행과 함께 전 세계적으로 널리 사용된 것은 Zoom이었다. 그 역사를 간단히 살펴보자. Zoom은 2011년 에릭 위안

(Eric Yuan)이 설립한 회사 이름이자, 화상회의 플랫폼이었다. 그는 WebEx에서 근무하다가 독립한 뒤, 기존 화상회의 기술이 지나치게 복잡하다는 생각에 새로운 플랫폼을 만들기로 했다. 2013년 Zoom 1.0을 공식 출시한 뒤 전 세계 중소기업과 교육기관 등에서 사용되면서 빠르게 성장했고, 2019년 미국 나스닥에 상장되었다. 그리고 2020년 코로나19 대유행과 함께 재택근무·원격수업·온라인 모임이 급증하면서, Zoom은 세계적으로 가장 널리 쓰이는 화상회의 프로그램 중 하나로 떠올랐다. 2019년 Zoom을 활용한 하루 회의 참가자가 약 1천만 명이었던 반면, 2020년에는 3억 명에 달할 정도로 전례 없는 성장을 이루었다. "Zoom 하자"라는 말처럼, 코로나19를 겪으면서 Zoom은 화상회의 자체를 일컫는 보통명사처럼 사용되었다.

다른 화상회의 프로그램에 비해 Zoom이 널리 유행한 데에는 몇 가지 이유가 있었다. 가장 큰 장점은 쉽게 사용할 수 있다는 것이었다. 회의실과 연결된 링크(주소)만 클릭하면, 별도의 계정이 없어도 바로 접속하여 회의에 참여할 수 있었다. 화면이나 버튼, 아이콘 등 UI(사용자 인터페이스)가 단순하고 직관적이어서, 화상회의 프로그램에 익숙하지 않은 사람도 복잡한 설정 없이 사용할 수 있었다. 또 다른 장점은 낮은 대역폭에도 안정적으로 영상과 음성을 제법 선명하게 전송할 수 있다는 것이었다. 와이파이 신호가 약하거나 모바일 데이터를 사용할 경우, 혹은 공유기 한 대에 여러 기기가 동시에 연결되어 있어 한 번에 많은 데이터를 전송할 수 없는 환경에서도, Zoom은 비교적 안정적으로 작동했다. 게다가 초창기부터 교육 시장에서 활용될 수 있는 기능을 적극적으로 개발한 덕분에, 코로나19 대유행 이후 원격수업이 보편화되면서 Zoom의 장점은 더욱 두드러졌다. 최대 수십 명을 한 화면에서 볼 수 있는 '갤러리 뷰', 손들기, 투표, 소규모 조별 활동을 가능하게 한 브레이크아웃룸, 발표자와 참여자를 분리한 웨비나(Webinar) 기능은 특히 교육 현장에서 유용했다. 초창기 무료 버전부터 큰 제약 없이 다양한 기능을 사용할 수 있었고, 코로나19 유행과 함께 무료 사용 40분 제한 방침을 완화했고 유료 가격도 경쟁사에 비해 저렴했다. 허가받지 못한 사람이 들어와서 회의를 방해하는 '줌바밍(Zoombombing)'과 같은 보안 문제가 있었지만, 비교적 빠르게 이를 해결한 것도 신뢰할 만한 이미지를 만드는 데 일조했다. 그리고 기술적 장점과는 별개로, 코로나19 대유행과 '언택트'라는 사회적 요구, 학교 수업의 원격 전환은 Zoom이 전 세계적으로 더 빠르게 성장할 수 있는 배경이 되었고, 한국에서도 마찬가지였다.

코로나19 대유행과 새로운 연결

코로나 확진자가 나오기 시작한 2020년 1월과 2월에 국내에서 Zoom은 수많은 화상회의 프로그램 중 하나로 소개되었다. 코로나가 유행하고 있는 외국 대기업의 재택근무 사례를 소개하거나 어떤 종교 집단의 온라인 예배에서 Zoom을 사용하기도 한다는 식이었다. 그러나 코로나가 확산되면서 각급 학교에 임시 휴교령이 내려지고, 일상의 모든 활동이 온라인으로 대체되면서 Zoom의 위상은 달라졌다.

2020년 3월 초중고등학교 및 대학교는 원래 일정대로 문을 열지 못했다. 대학은 3월 중순부터, 나머지는 4월부터 개학할 예정이었지만, 코로나19의 맹렬한 확산세에 따라 교실에서 진행되는 대면수업은 위험했다. 대면수업을 대신할 방안 중 하나가 원격수업이었는데, EBS나 학교 수업 시스템을 활용하고 Zoom을 비롯한 화상회의 프로그램을 적극 활용하는 사례가 등장했다. 3월 16일 KAIST를 비롯한 국내 4개의 과학기술원은 다른 대학교보다 일찍 개강하면서 원격수업을 시작했는데, 사전에 제작된 동영상을 수업 게시판에 올리고 질의 응답하는 방식의 수업과 '실시간 원격수업'을 혼합하고, 이를 위해 Zoom과 Skype를 활용했다. 뒤이어 3월 말부터는 일부 특목고에서도 비슷한 방식으로 수업을 시작했다.

4월 9일 고등학교 3학년과 중학교 3학년이 온라인 개학을 했고, 16일에는 고등학교 1·2학년, 중학교 1·2학년, 초등학교 4~6학년, 20일에는 초등학교 1~3학년이 순차적으로 원격수업을 시작했다. 개학 이전인 3월 27일 교육부는 '원격수업 운영기준안'을 발표하여, 세 가지 방식 중 하나를 선택할 것을 권고했다. 교사와 학생이 동시에 접속해 화상수업을 하는 '실시간 쌍방향 수업', 녹화된 강의를 보고 질문하면 교사가 답을 해 주는 '콘텐츠 중심 수업', 글쓰기나 문제 풀기 과제를 내주고 교사가 확인하는 '과제 수행 중심 수업'이었다. 그중 교육부는 가능하면 구글 행아웃(Google Hangouts)이나 Zoom과 같은 화상회의 프로그램을 활용하는 실시간 쌍방향 수업을

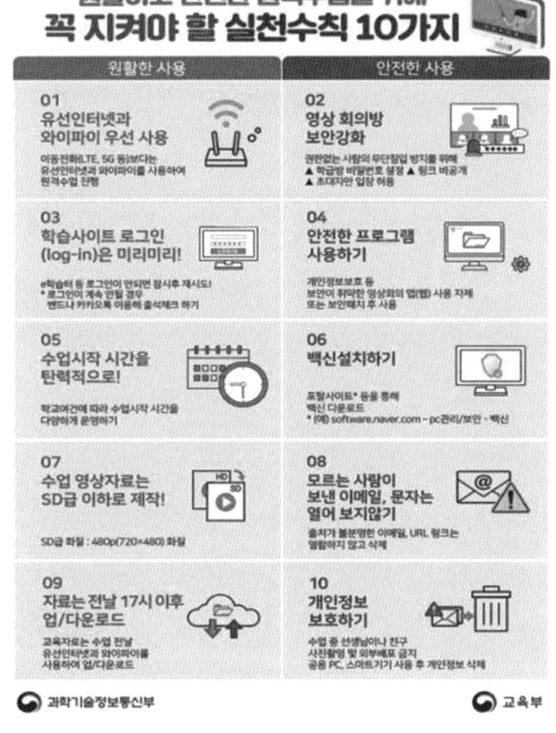

〈그림 2〉 원격수업 수칙.
출처: 과학기술정보통신부

진행하라고 제안했다. 그리고 본격적인 온라인 개학을 앞둔 4월 8일, 교육부와 과학기술정보통신부는 원격수업을 위해 지켜야 할 10가지 수칙을 발표했다. 전국의 초중고등학교에서 원격으로 실시간 수업을 할 경우 접속 폭주로 인한 네트워크 과부하가 걸릴 수 있으므로, 모바일 접속을 자제하고 유선인터넷이나 와이파이를 이용하라는 것이 첫 번째였다. 그리고 학습 사이트에 미리 들어가 로그인을 해 두거나 수업 자료를 미리 업로드하고, 수업 시간을 탄력적으로 운영할 것이며, 안전한 프로그램을 사용하고 백신을 설치하라는 등의 지침도 포함되었다.

또 다른 지침 중 하나는 '영상 회의방 보안 강화'와 '모르는 사람이 보내는 메일이나 문자를 열어 보지 말라'는 것이었다. 이는 외국에서 Zoom을 활용한 원격수업을 할 때 발생했던 각종 사고를 염두에 둔 것이었다. 얼마 전 미국에서 고등학교 원격수업 시간에 신원을 알 수 없는 사용자가 들어와 욕설을 퍼붓고 음란물 이미지를 올린 사건 때문에 Zoom의 취약한 보안이 논란이 되었다. 악성코드가 심어진 Zoom 설치파일을 잘못 내려받아서, 개인정보가 빠져나가거나 웹캠으로 사생활이 노출되는 사건도 있었다. 미국뿐 아니라 영국, 독일, 싱가포르, 대만에서도 유사한 일들이 발생했다. 대면수업으로 인한 집단감염을 막기 위해 도입된 원격수업이 오히려 또 다른 위험을 불러올 수도 있었던 것이다.

4월 중순 이후 전국적으로 Zoom을 활용한 원격수업이 일선 학교에서 본격적으로 시작되었고, 크고 작은 사고와 우려가 터져 나왔다. 수업 도중 학생이 게임을 하고 웹툰이나 동영상을 시청하는 등 딴짓을 해도 선생님이 바로 확인하기 어려웠고, 실시간 소통을 위해 '음소거' 기능을 끄면 참가자 주변의 온갖 생활 소음이 회의방 전체에 들렸다. 스마트폰으로 Zoom 수업을 듣는 경우 전화가 걸려 오거나 카톡 메시지가 도착하면 수업에 집중하기 어려웠고, 인터넷 연결이 불안정해 수업 화면이나 선생님의 목소리가 끊기는 일도 다반사였다. 중간고사와 기말고사를 원격으로 실시했던 대학교에서는 부정행위를 막기 위한 갖가지 아이디어가 쏟아져 나왔다. 교실이 아닌 컴퓨터와 스마트폰 화면 속 수업은 그렇게 몇 달 동안 온갖 소동을 낳았지만, 2020년 하반기가 되면서 서서히 익숙한 플랫폼으로 자리 잡았다. 실시간 출석 확인, 화면 공유를 통한 교실 대체, 소그룹 토론 등 기존 교실에서 이루어지던 활동이 불안하게나마 디지털 환경에서 구현되었다.

교육 현장뿐 아니라 기업의 근무 형태나 다른 일상 역시 원격으로 전환되었다. 코로나 이전부터 비용 절감과 업무 효율성 향상이라는 이유로 재택근무를 시도했던 기업들은, 코로나 이후 본격적인 '리모트워크'를 진행했다. 사무실에서 상급자의 경직된 업무 관리 때문에 불편해 하거나 재택근무할 때 정신없이 전화, 메신저로 의견을 나누었다면, 이제 Zoom을 통해 빠르게 업무를 확인하고 의사결정을 할 수 있게 되었고, 해외 지사와 훨씬 수월하게 업무 교류를 했다. 사원 교육이나 채용 면접뿐 아니라 퇴근 후 회식까지 Zoom으로 진행하기도 했다. 회식을 주관하는 팀장이 배달앱을 통해 각 팀원의 집으로 음식을 보내면, 약속된 시간에 음식과 술 혹은 음료를 차려 두고 Zoom으로 접속하여 회식을 시작했다. 회식 장소로 이동하거나 고기를 굽는 등의 준비 시간을 절약하여 더욱 '밀도 있게' 회식을 진행할 수 있다거나, 대면 자리에서 흔히 볼 수 있는 '지방 방송'이 거의 없어졌다는 우스갯소리가 떠돌았다. 코로나19는 그리고 Zoom은 회사의 업무 환경뿐 아니라 직원들 사이의 관계도 바꾸었다.

학교나 회사뿐 아니라 일상적인 생활에서도 비대면을 통한 '멀리서 함께하기'가 유행했다. 신체적으로는 떨어져 있지만 디지털을 통해 가까이 교류하는 것인데, 미리 시간을 정해 Zoom에 접속해서 동시에 무언가를 하는 것이었다. 각자의 집에서 책을 읽은 뒤 'Zoom 북클럽'을 시작하고, 주위 시선을 신경 쓸 필요도 없는 'Zoom 피트니스', 'Zoom 요가'가 인기를 끌었다. 경조사 역시 Zoom을 통해 참석할 수 있었다. 마스크를 쓴 신랑, 신부와 소수의 가족만 모인 결혼식 장면이 Zoom으로 중계되면 하객들은 채팅창을 통해 축하했고, 장지에서 진행되는 매장 장면을 Zoom으로 보면서 고인을 추모했다. 정부가 방역 지침으로 내린 사회적 거리두기가 '신체적인 단절'이었다면 Zoom을 통한 화상 연결은 멀리서도 교류할 수 있는 길을 열었다. Zoom은 코로나 시대를 이겨 낼 여러 대안 중 하나가 아니라 기본적인 인프라가 되었고, 이에 익숙하게 적응하는 이들을 '줌세대(Zoomer)'라고 불렀다.

코로나19 확산 속에서 Zoom은 단순한 화상회의 도구를 넘어, 팬데믹 위기를 버티기 위해 급하게 구축한 새로운 일상의 기반이 되었다. 교실·사무실·모임의 장소는 화면 속으로 옮겨졌고, 집이라는 사적인 공간에서 배우고 일하며 관계 맺는 법을 빠르게 익혀야 했다. 이 과정에서 Zoom은 배움의 연속성을 보장하고 물리적 단절을 넘어 소통할 수 있는 가능성을 열어주었고, 서로의 만남은 더 효율적이고 밀도가 높아진 것처럼 보였다. 코로나19 시대 Zoom은 오래된 화상회의 기술의 하나이면서도, 삶의 방식과 서로의 관계를 유례없이 빠르게 재구성할 수 있도록 도와준 팬데믹에 특화된 기술이었다.

사람답게 만난다는 것?

코로나 시대 Zoom은 대면을 대신할 새로운 연결을 가능하게 했지만, 그 연결이 과거와 같지는 않았다. 컴퓨터나 스마트폰 화면으로 서로를 응시하는 것이 예전 만남과 동일한가? '줌 피로(Zoom Fatigue)'라는 신조어의 유행은 그렇지 않을 수 있음을 말해 주었다. 2021년 발표된 연구에 의하면 줌 피로를 유발하는 심리학적인 원인으로 네 가지가 있는데, Zoom을 사용해 본 사람이라면 누구라도 겪어 봄직한 것이었다.

첫 번째는 화면을 통해 과도하게 많은 눈 맞춤을 하는 상황에서 오는 피로감이었다. 대면의 공간에서 여러 사람과 회의할 때는 다양한 거리에서 다양한 세기로 눈 맞춤이 이루어진다. 말하는 사람의 얼굴을 응시하거나 고개를 돌려 다른 참가자를 보기도 하고, 창밖 풍경이나 회의실 천장을 훔쳐볼 수도 있다. 그렇지만 Zoom 회의에서는 말하는 사람이 누구인지와 상관없이, 모든 참석자가 서로의 얼굴과 눈을 비슷한 거리에서 계속 쳐다봐야 한다. 또한 화면 속 어떤 얼굴이 다른 사람보다 크게 보이면 실제보다 친밀하다고 생각하게 되며, 이런 상태가 지속되면 심리적인 불편함을 초래할 수도 있다. 이는 엘리베이터에서 낯선 사람과 오랫동안 가까이 있어야 하는 어색한 상황과 비슷하다.

두 번째로 대면 만남에서는 상대방의 표정이나 몸짓 등 비언어적 신호를 비교적 빨리 확인할 수 있지만, Zoom에서는 내가 비언어적 신호를 보내거나 상대방의 그런 신호를 해석하는 데 더 많은 수고가 필요하다는 것이다. 상대방의 말에 동의한다는 것을 표현하기 위해 과장되게 고개를 끄덕거리거나 더 큰 동작으로 손뼉을 치고 엄지손가락을 치켜세우는 등 의도적인 신호를 보내야 한다. 또한 상대방의 무의미한 시선이나 몸짓의 의미를 오해하지 않기 위해 끊임없이 긴장하고 주시해야 하기 때문에, 대면 만남보다 더 많은 에너지를 소모하고 피로를 느끼게 된다. 세 번째는 다른 사람과의 눈 맞춤뿐 아니라 나 자신의 표정도 계속 봐야 하는 '거울효과'이다. Zoom의 기본 설정은 자신의 실시간 모습을 보여주는데, 이는 마치 누군가가 온종일 거울을 들고 나를 따라다니는 듯한 효과를 지닌다. 거울에 비친 자기 모습을 보는 것은 일종의 '자기평가'를 유도하는 것이며, 이는 스트레스나 부정적인 감정을 일으킬 수도 있고, 특히 자신의 표정과 행동을 더욱 비판적으로 생각하게 만든다.

마지막으로는 신체적 움직임이 제약받는 데서 오는 피곤함이다. 대면 회의에서는 스트레칭을 하는 등 비교적 자유롭게 몸을 움직일 수 있지만, Zoom 회의에서는 카메라의 시야 안에 고정된 자세로 머물러야 한다는 압박 때문에 신체적 움직임이 부자연스럽게 된다. 사용자는 보통 화면을 정면으로 응시하며 같은 자세를 유지하고, 이를 어기면 집중하지 못하는 것으로 간주되는데, 이런 압박은 창의적 사고나 문제 해결을 하는 인지적 능력을 떨어뜨리기도 한다는 것이다. 이처럼 Zoom 화면에서 서로를 본다는 것은 대면의 만남과 같을 수 없으며, 이런 이질감이 일상화되면 새로운 스트레스로 작용할 수 있다.

줌 피로와 비슷한 '줌 번아웃(Zoom Burnout)'이라는 용어도 새로운 연결의 이면을 말해 준다. 줌 번아웃은 회의와 회의 사이에 이동 시간이나 쉬는 시간 없이 연속된 회의가 이어지면서 피로가 누적되는 상황, 오프라인에서는 자연스러울 수도 있는 침묵이 Zoom 회의에서는 '문제인 것'처럼 느껴지면서 그 불안감을 감내해야 하는 상황, 하루에 5~6개의 Zoom 회의가 이어지면서 막상 말하는 시간은 얼마 되지 않는데 더욱 피로감을 느끼는 상황 때문에 발생한다. 몸은 움직이지 않았는데, 정신은 혹사당하는 셈이다. 게다가 대면 모임보다 이르거나 늦은 시간에 업무 공간이 아닌 곳에서 시도 때도 없이 Zoom 회의가 열리면서, 학교를 가거나 회사에서 회의하는 것보다 더 피곤하다는 것이 줌 번아웃이다. 대면에서는 연결과 쉼이 구분되고 그 쉼은 회복의 시간이지만, 연속되는 Zoom 회의는 계속 연결된 상태를 강요받음으로써 피로가 누적된다.

Zoom 연결은 더 많은 피로감을 유발할 뿐 아니라, '연결되었지만 그만큼 가까워지지는 않는' 상황을 낳기도 했다. 대학교에서 한 학기 내내 같은 수업을 듣고, 수업 시간 내내 얼굴과 이름을 봤지만, 종강할 때까지 실제로 말 한 번 섞지 못하는 경우가 빈번했다. Zoom을 통한 수업은 교수와 학생 사이의 질문과 대답으로 이어졌고, 소규모 토론과 같은 특별한 상황이 아니라면 (교수의 신경을 긁을 수 있는) 학생들 사이의 자연스러운 속닥거림이나 대화는 불가능했다. 소규모 조별 활동을 하더라도 수업 시간 동안 결과를 만들어 제출하는 것 외에 친밀한 대화는 어려웠고, 수업 전후로 이동하거나 쉬는 시간에 유대감을 형성할 기회는 적었다. 같은 공간에 함께 있었지만 함께 어울리지는 못하는 관계였다. 재택근무를 하는 동안 진행된

Zoom 회의 역시 업무를 원활히 관리하고 수행하는 데는 유효했지만, 동료의 성격이나 분위기를 파악하는 데에는 크게 도움이 되지 않았다. 회의는 안건 중심으로 진행되었고, 회의가 끝나면 '종료' 버튼과 함께 관계는 단절되었다. 참석자가 일은 잘하는데 어떤 사람인지는 알 수 없었고, 동료라기보다는 협업자 수준에서 관계는 멈추었다. 친목 모임 역시 서로 웃고 근황을 나누더라도, 여러 명이 동시에 말하는 것이 어렵기 때문에 대화의 리듬이 깨지기 쉬웠다. 대면 모임에서는 같은 시공간에 함께 머물면서 분위기를 공유하고 업무와 상관없는 가벼운 대화도 나누겠지만, Zoom에서는 어떤 목적이 있는 대화가 주류였고 그 목적과는 상관없는 관계까지 나아가기는 힘들었다.

Zoom을 통한 연결이 예전의 관계와 다를 뿐만 아니라, 그 연결 자체가 모두에게 공평하지 못할 수도 있었다. 기술적 자원이 부족하거나 장애를 가진 사람에게는 Zoom 연결이 또 다른 격차를 만들었기 때문이다. 예를 들어 저소득층 가정에서는 인터넷이 연결되어 있지 않거나, 디지털 기기가 아예 없고 설령 있더라도 여러 명의 가족이 공유해야 할 수도 있었다. 그런 경우 여러 명의 자녀가 동시에 수업을 듣지 못한다거나, 불안정한 네트워크 연결 때문에 충분한 학습의 기회를 얻지 못하기도 했다. 이런 불가피한 상황에서 다른 사람처럼 Zoom에 접속하지 못하면, 불이익을 받거나 성실하지 못한 것으로 인식될 수 있었다. 기술 접근성의 차이가 학습 태도나 성실성의 문제로 오해받을 수 있었다는 것이다. 2020년 4월 모든 학교에서 원격수업을 시작할 때 이런 문제가 지적되었고, 정부와 지자체에서 다양한 지원 방안을 발표했지만 충분하지는 않았다. 지방이나 농어촌 지역의 경우 인터넷 속도가 느려서 원활하게 접속하지 못하는 경우도 빈번했다.

또한 장애가 있는 사람이 Zoom에 참여하는 것도 쉽지 않았다. 청각장애인을 위해 Zoom 프로그램에 자막 기능이 있기는 했지만, 전문용어나 고유명사의 자막에는 오류가 많았고 동시에 여러 사람이 말을 하면 자막이 깨지기도 했다. 시각장애의 경우도 비슷했는데, 공유 화면을 보라는 지시어, 이미지나 수식 중심의 수업을 시각장애 학생이 따라가기 힘들었고, 발표자의 얼굴 화면이 너무 작으면 입 모양을 확인하기 어려웠다. 장시간 고정된 자세로 카메라를 바라보는 것이 어려운 발달장애나 신경장애가 있는 경우에도 Zoom 회의는 쉽지 않았다. 대면에서의 다양한 방식의 소통이 Zoom에서는 하나의 방식으로 고정되었고, 이는 또 다른 격차로 이어진 셈이었다.

코로나 시대 Zoom이 만든 새로운 연결은 공간의 성격도 바꾸었다. 과거에는 '회사 = 일하는 곳', '학교 = 배우는 공간', '집 = 쉬는 곳'이라는 구분이 있었고, 각 공간은 고유한 역할과 색깔이 있었다. 그렇지만 Zoom 회의가 보편화된 이후, 집·침실·거실은 모두 회의실이나 강의실·사무실이 되었다. 일하거나 배우는 것과는 무관했던, 휴식을 취하던 개인적인 공간이 공적인 공간으로 바뀐 것이었다. 이런 변화는 여러 문제를 낳았는데, 그중 하나는 앞서 말한 줌 피로처럼 휴식 공간에서도 긴장한 상태를 유지해야 한다는 것이었다. 집에 있어도 쉬는 느낌이 사라지고 만성적인 피로가 커졌다. 이는 '나의 개인적인 공간'을 내 마음대로 관리하고 통제할 수 있는 권리의 상실로 이어졌다. 또 다른 문제는 사적인 공간이 공공에 노출되면서 프라이버시가 침해되거나 불편함이 만들어지는 것이었다. 거실이나 침실이 컴퓨터나 스마트폰 화면 속 공적 공간으로 전환되면서, 나의 주거 환경·경제 수준·가족 상황·개인 취향이 모두 드러날 가능성이 커졌다. 단순하게 나를 들키지 않는 것뿐 아니라, 다른 참석자의 화면 즉 그의 공간과 자신을 비교하고 평가하기도 했다. 카메라를 켜는 순간 내 공간, 내 삶이 스스로 혹은 누군가에 의해 평가받는 느낌을 줄 수 있었다. 이를 의식하여 자기의 공간을 스스로 감시하거나 연출하는 일이 Zoom 회의 내내 이어졌다. 회의 전 침대와 책상을 정리하고 방의 물건을 치우고 가족과 애완동물을 단속하거나, 가상배경을 연출하여 자신의 공간을 일종의 무대처럼 꾸며야 했다. 자신만의 공간을 들키지 않기 위해, 그리고 남에게 잘 보여주기 위해 새로운 긴장과 피로를 겪어야 했다.

코로나19 이후 Zoom 회의는 단순히 만남의 방식을 바꾼 것이 아니라, 공간을 경험하는 방식 자체를 바꿔 놓았다. 집이나 침실처럼 휴식을 취하고 숨을 고르던 사적인 공간이 카메라와 화면을 통해 공적인 무대가 되면서, 사람들은 그 공간을 끊임없이 정리하고 점검하며 '보여줄 만한 상태'로 유지해야 했다. 이 과정에서 회의 내용뿐 아니라 나의 얼굴과 표정, 배경까지 스스로 감시하고 연출하게 되었고, 이는 예전에 없었던 스트레스로 다가왔다. 더 이상 공간은 나만의 안식처가 아니라 언제든 타인의 시선에 노출될 수 있는 장소가 되었고, 그 결과 휴식과 노동, 사적인 삶과 공적인 역할의 경계가 흐려졌다.

나가며

백여 년 전부터 시작된 오래된 상상이 위기의 순간 하나의 대안처럼 유행했다. Zoom은 코로나19라는 전례 없는 위기 속에서 일시적으로 사용된 화상 기술이 아니라, '멀리 떨어져 있어야 하는' 일상을 위한 인프라로 자리 잡았다. 우리는 사각의 화면을 통해 물리적 거리를 극복하고 배움과 노동, 그리고 관계를 지속할 수 있었다. 예전만큼은 아니지만, 코로나 위기가 끝난 지금도 우리는 Zoom을 통해 연결된 삶을 이어 가고 있고, '성실한 접속'이 나의 존재를 증명하는 시간을 보내고 있다.

그렇지만 '만난다' 혹은 '여기에 있다'는 실재감은 '접속해 있다'는 디지털 신호로 대체되었고, 그 가운데 예전의 온기가 희미해지기도 했다. 화면 속 시선과 마주치면서 우리는 '줌 피로'라는 새로운 경험을 했다. Zoom이 열어 준 만남은 효율적이었을지 모르지만, 디지털 격차와 같은 또 다른 단절, 프라이버시 침해, 자기 공간의 상실과 같은 숙제도 남았다. 사회적 거리두기로 인한 신체적 거리를 Zoom이 이어 주었다면, 대면의 만남과 Zoom이 공존하는 지금은 단순한 접속을 넘어 진정한 교감을 위한 연결을 고민해야 할 때이다.

환자가 드러나는 기술

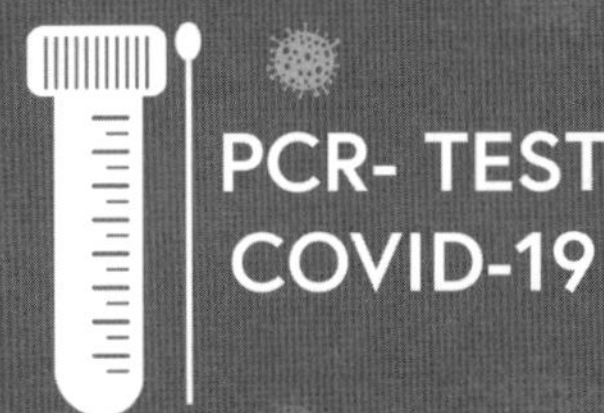
PCR- TEST
COVID-19

PCR

코로나19가 유행한 몇 년 동안 바이러스 감염 여부를 확인하기 위해서, 다시 말해 본인이 확진자인지를 알기 위해서 다양한 방법이 동원되었다. 2021년부터는 약국에서 자가진단키트를 구입해서 집에서 스스로 항체-항원 검사를 할 수 있게 되었고, 그 결과가 미심쩍으면 병원을 방문하여 의료진을 도움으로 신속항원검사를 받았다. 그리고 이런 항체-항원 검사보다 더욱 정확한 진단법으로 인정받은 것이 PCR 검사였다. 검사 방법·장소·비용·편의성이나 정확도에서 각각 장단점이 있지만, 코로나19 대유행 기간 동안 감염 여부를 확인하는 가장 권위 있는 방법으로 PCR은 확실히 자리매김했다.

#4. 굳이 선별진료소까지 찾아가지 않고, 약국에서 진단키트를 사서 검사해 보면 되지 않을까? 어떤 검사가 더 정확할까? 몇천 원이라도 더 아끼는 게 낫지 않을까? 괜히 선별진료소에서 검사했다가 확진 판정이라도 받으면 격리해야 되는 건 아닐까? 코로나 감염을 의심하는 사람이라면 누구라도 한 번쯤은 고민해 봤을 법한 질문이다.

코로나19 대유행 당시 우리 대부분이 한 번씩은 직접 경험해 본, 예전에는 낯설었지만 점차 익숙해진 과학기술 중 하나가 PCR이다. Polymerase Chain Reaction(중합효소 연쇄반응)의 약자인 PCR은 코로나바이러스에 감염되었는지를 확인할 수 있는 가장 정확하고 신뢰할 만한 방법으로서, 팬데믹 초창기부터 확진자를 진단하고 추가 감염과 확산을 막는 데 결정적인 역할을 담당했다. 2020년 1월 20일 확진자가 국내에서 처음 확인되었을 당시에는 환자의 검체에서 신종 바이러스를 검출하여 이미 알려진 6개의 코로나바이러스와 비교하는 방식으로 검사를 진행했다(pan-corona PCR). 그렇지만 이 방법은 24시간 이상 시간이 걸리는 번거로운 과정이었다. 이후 신종 바이러스의 유전자 정보가 밝혀진 직후 훨씬 더 빠르고 정확한 PCR

을 활용하여 6시간 이내에 진단하는 방식이 2월 초부터 전국적으로 도입되었다. 이 새로운 진단 방법 덕분에 정부는 코로나 확진자를 빠르게 확인하고 전국적으로 퍼지는 것을 사전에 막을 수 있었다.

PCR의 발명과 혁신

PCR은 1983년 미국의 생화학자 캐리 멀리스(Kary B. Mullis)가 개발했다. UC 버클리에서 생화학으로 박사학위를 받고 캔자스대학교 의과대학 및 UC 샌프란시스코에서 박사후과정을 보낸 멀리스는 생명공학 회사인 시터스(Cetus)에서 DNA 단편을 합성하는 연구를 진행하고 있었다. PCR에 대한 아이디어는 우연한 것이었는데, 그의 회고에 따르면, '1983년 4월의 어느 금요일 밤, 캘리포니아 북부 지역 삼나무가 가득한 시골에서 달빛 비치는 산길을 꾸불꾸불 운전하다가' 갑자기 떠올랐다고 한다. 그리고 멀리스는 "유전물질 DNA의 분자 하나에서 출발하여, 오후 내내 1,000억 개의 똑같은 분자를 만들어 낼 수 있다."고 설명했다.[*]

멀리스의 언급처럼 PCR은 아주 작은 DNA 단편을 엄청난 양으로 증폭하

---

[*] Mullis, K. "The unusual origin of the polymerase chain reaction," *Scientific American* 262:4 (April 1990), pp.56-65. 인용은 p.56.

는 기술이다. 더 구체적으로 말하자면, 검사나 연구에 사용할 DNA의 양이 아주 적더라도, 원하는 염기서열 부분을 정확하고 빠르게, 그리고 엄청난 양으로 늘리는 것이다. 최근에는 2시간 내외에 원하는 양으로 증폭할 수 있을 정도로 발달했는데, 그만큼 의학이나 생명과학 분야에서는 없어서는 안 되는 핵심 기술이다. PCR의 가치는 1993년 노벨 화학상 공동 수상으로 이미 증명되었는데, 당시 노벨상 위원회는 다음과 같이 PCR의 중요성을 강조했다.

멀리스의 PCR 방법은 이미 많은 분야에 응용되고 있다. 예를 들어 간단한 장비를 이용해서 아주 복잡한 유전물질에서 얻은 특정 DNA 조각을 몇 시간에 수백만 배로 증폭하는 것이 가능한데, 이는 생화학 및 유전학 연구에서 매우 중요하다. 이 방법은 특히 의학적 진단을 함에 있어 새로운 가능성을 제시할 것이며, HIV 바이러스나 유전병을 일으키는 결함 유전자를 찾는 데 사용될 수도 있다. 연구자들은 화석에 PCR 방법을 적용해서 수백만 년 전에 멸종한 동물의 DNA를 만들어 낼 수도 있다.

PCR을 통해 DNA를 증폭하기 위해서는, 그 양을 늘리고자 하는 DNA, 그리고 DNA의 특정한 염기서열 부위에 결합해서 DNA 합성의 출발점 역할을 하는 시발체(primer), DNA 중합효소(DNA polymerase), 마지막으로 새로운 DNA를 합성할 때 재료로 이용되는 세 개의 인산이 결합한 dNTP(Deoxynucleotide Triphosphate)가 필요하다. 이들을 섞은 반응액에서

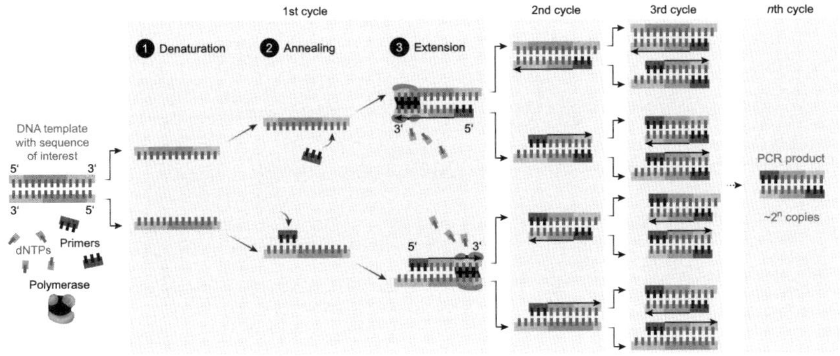

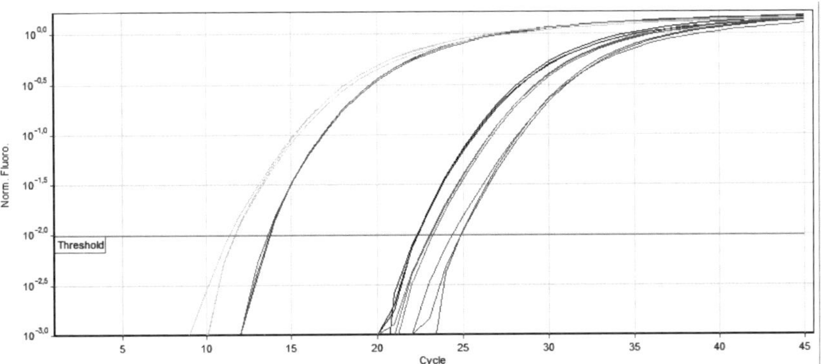

PCR의 작동 원리 및 qPCR 결과를 보여주는 그래프.

사진 위: 출처: https://commons.wikimedia.org/wiki/File:Polymerase_chain_reaction-en.svg Enzoklop CC-BY-SA 4.0

사진 아래: 출처: https://commons.wikimedia.org/wiki/File:Qpcr-cycling.png Zuzanna K. Filutowska CC BY-SA 3.0

PCR은 총 세 단계로 진행된다. 첫 번째는 '변성(denaturation)'인데, 94~96℃의 열을 가해 주어 DNA 이중나선의 수소결합을 끊어 주고 두 개의 단일 가닥 DNA를 만들어 준다. 두 번째 단계는 '결합(annealing)'인데, 온도를 50~64℃로 낮추면 시발체와 DNA 중합효소가 단일 가닥 DNA의 특정 염기서열 부위에 결합한다. 마지막 '연장(elongation)' 단계에서는 DNA 중합효소가 dNTP와 함께 단일 가닥 DNA 염기서열과 상보적인(complementary) 새로운 DNA 가닥을 합성해 나간다. 이 세 단계를 PCR의 한 사이클(cycle)로 간주하는데, 첫 번째 사이클이 끝나면 하나의 DNA로부터 두 개의 동일한 DNA가 만들어진다. 그리고 다시 94~96℃로 온도를 높이면 두 번째 변성이 일어나면서 새로운 사이클이 시작되는데, 또 한 번의 사이클이 끝나면 이번에는 4개의 DNA가 만들어진다. 결국 n번의 사이클(변성-결합-연장)이 종료될 때마다 똑같은 DNA가 2^n개씩 늘어나게 되는데, 가령 10번째 사이클이 끝나면 처음 하나의 DNA가 1,024(2^{10})개로 늘어나는 셈이다. 보통 20~40회 정도의 사이클을 반복하는데, 이것이 DNA를 정확하고 빠르게, 그리고 엄청난 양으로 증폭하는 PCR의 작동 원리이다.

노벨 화학상 수상 소식에 실린 것처럼 10여 년의 짧은 기간 동안 PCR이 생명과학뿐만 아니라 여러 분야에서 널리 활용되기 위해서는 풀어야 할 난제들이 여럿 있었는데, 그중 하나가 DNA 중합효소였다. 시발체에 붙어 새로운 DNA를 합성하는 DNA 중합효소는 '변성-결합-연장'의 각 단계에서 50~64℃, 94~96℃의 온도 변화를 견딜 수 있어야 했다. 초창기 PCR에 사용된 DNA 중합효소는 덴마크 생화학자 한스 클레노우(Hans Klenow) 박사가 1970년 대장균에서 분리한 '클레노우' 중합효소였다. 이 효소는 DNA 가닥의 염기서열을 읽어 나가면서 상보적인 염기서열을 붙여 가는 효소인데, 열에 약하다는 단점이 있었다. 따라서 PCR의 변성이나 연장의 단계에서 94℃ 이상 열을 가하면 클레노우 중합효소는 변형되어 그 활성이 감소하기 일쑤였고, 지속적인 DNA 증폭을 위해서는 하나의 사이클이 끝날 때마다 이 효소를 계속 추가해야 하는 번거로움이 있었다.

이런 어려움을 해결한 것이 바로 Taq DNA 중합효소였다. 미국의 신시내티대학교 존 트렐라(John Trela)가 1976년 발견한 이 효소는, 20~45℃의 환경에서 살아가는 중온균(mesophile)과는 달리, 온천이나 열수분출공에서 사는 세균 테르무스 아쿠아티쿠스(*Thermus aquaticus*)의 DNA를 합성하는 효소이다. 이 효소는 80℃에서 가장 최적의 활성을 보였기 때문에, PCR의 변성이나 연장 단계의 온도에서도 충분히 견디며 DNA 합성을 진행할 수 있었고, 새로운 사이클이 시작될 때도 추가할 필요가 없었다. 예전의 클레노우 중합효소에 비해 훨씬 더 지속 가능하고 효율적인 이 효소는 PCR 연구의 비약적인 발전에 큰 역할을 했기에, 『사이언스(Science)』가 1989년 처음 선정하기 시작한 '올해의 분자(The Molecule of Year)'에 뽑히는 영광을 얻었다. 그리고 1991년에는 이 Taq DNA 중합효소의 유전자를 대장균에서 대량으로 클로닝(cloning)하는 방법이 한국과학기술연구원(KIST) 연구팀에 의해 개발되어 주목을 받기도 했다.

AIDS와 함께 소개된 PCR

PCR이 국내 대중매체에 등장한 것은 1989년 즈음이었는데, 외국에서 막 개발되고 활용되기 시작한 이 첨단 기술은 다소 과장된 기대를 안고 소개되었다. 예를 들어《조선일보》는 스웨덴 카롤린스카대학의 린드스텐 교수가 한국과학기술원(현재 한국과학기술연구원)에서 강연한 내용을 보도하면서, 유전자와 관련된 질병을 확인할 수 있는 방법 중 하나로서 '유전자의 일정 부분을 증폭해 비교 분석'하고 "증폭된 부분을 보면 정상인과 비정상인 사이에 유전자 구조-형태의 차이가 분명히 드러난다."고 설명했다. 두 달 뒤《경향신문》도 '고분자연쇄반응'이라는 단어로 PCR을 소개하면서, '이처럼 소량의 유전자를 확대 재생할 수 있기 때문에' 면역 분야에서 이용될 수 있으며, 나아가 '사람면역결핍바이러스(HIV), B형 간염 바이러스, 백혈병 바이러스를 쉽게 찾아낼 수 있으며, 이에 따라 환자가 각종 질환을 자각하기도 전에 치료를 가능케 할 것'으로 기대했다.* 이처럼 PCR은 특정 DNA를 증폭하여 유전자와 관련된 질병을 판단하는 기술뿐 아니라, 인체 내에 잠복하고 있는 바이러스를 찾아내고 치료를 돕는 기술로 소개되었다.

언론 보도에 담긴 과장된 기대는 당시 후천성면역결핍증(AIDS)을 비롯

---

* "'유전자 분석.. 질병 진단, 치료 가능' 과기원, 린드스텐 교수 초청 특강",《조선일보》(1989.5.7.); "유전자 검사로 암 등 조기 발견",《경향신문》(1989.7.5.)

한 감염병에 대한 우려 그리고 유전병을 사전에 확인하고 예방할 수 있으리라는 희망과 맞물린 것이었다. 특히 1981년 미국에서 처음 환자가 발견된 이래 '20세기의 흑사병', '현대판 나병'이라는 별칭을 얻은 AIDS에 대한 공포는 1985년 6월 국내에서 첫 외국인 환자가 확인되면서 정점에 달했다. 게다가 당시 할리우드 최고의 미남 배우로 각광받던 록 허드슨(Rock Hudson)이 10월 2일 AIDS로 사망했다는 외신을 앞다투어 전하면서, 언론은 '인류 최후의 역병'을 선정적으로 묘사했다. 가요 음원 차트나 올림픽 메달 획득 순위표처럼 각국의 환자 수를 그래프로 보여주는 기사도 심심찮게 등장했고, 1986년 11월 첫 내국인 환자가 발생한 데 이어 몇 달 뒤 첫 사망자가 나오면서 이제 우리나라도 안전지대가 아니라는 우려가 터져 나왔다.

이런 상황에서 정부는 1987년 봄 AIDS 감염을 예방할 수 있는 '특별법'을 제정하여, 5대 도시 유흥업소 종사자와 국내 장기 체류 외국인들의 AIDS 검사를 의무화했다. 또한 예전부터 실시해 온 외국에서 수입되거나 국내에서 유통되는 혈액에 대한 검사를 강화했다. 이때 사용된 검사법은 ELISA(Enzyme-Linked Immunosorbent Assay)로서, 항체-항원 반응을 이용하여 검사 시료 중에 포함된 항원의 양을 측정하는 방법이었다. 즉 항체에 결합된 효소의 활성을 측정함으로써 항원의 양을 분석하는 것이었는데, 1만 원 정도의 비용이 들었지만 국립중앙의료원과 대부분의 대학병원, 종합병원에서 장비를 갖추고 검사를 진행하고 있었다. 그렇지만 ELISA의 단점은 항원인 바이러스가 인체에 침입하여 항체를 만드는 데까지 시간이 걸리기 때문에 신속하게 진단하기 어렵다는 것이었다. 외국에서 수입된 혈액제제를 투약한 혈우병 환자 어린이가 AIDS에 감염된 사례나, 항체가 형성되는 데 3년 이상 시간이 걸릴 수도 있는데 그 이전에 검사를 하면 정확하게 진단할 수 없다는 우려가 계속 제기된 것도 이런 이유에서였다.

이런 상황에서 소개된 PCR은 기존 항원-항체 검사법을 보완하고 정확하게 AIDS 감염을 판단할 수 있는 방법으로 주목받았다. 특히나 미국에서 아직 항체가 생기지 않은 초기 감염자의 장기를 이식받았다가 AIDS에 감염된 사례는 새로운 검사법의 필요성을 더욱 부각시켰는데, '이러한 사고는 감염 검사 방법을 쇄신하지 않는 한 계속될 것'이라면서 "PCR이라는 HIV의 유전인자를 발견해 낼 수 있는 새로운 검사 방법을 도입해야 한다."는 의학계의 주장이 전해졌다.* 그리고 AIDS뿐 아니라 간염, 장티푸스, 결핵 등 국내에 만연한 감염병을 정확하게 진단하는 데에도 PCR의 효용은 점점 인정받기 시작했다.

이와 함께 1980년대 유전공학의 열풍을 타고 다양한 유전병을 미리 확인할 가능성이 제기되면서, PCR은 이를 실현하는 가장 유효한 도구로도 소개되었다. 1990년 영국에서 처음으로 '착상전 유전자 진단(Preimplantation Genetic Diagnosis, PGD)'을 거친 아이가 태어난 이래, 국내에서도 1994년 제일병원과 차병원에서 PGD에 성공했다는 보도가 나왔다. 이미 임신 초기

---

*　"미, AIDS 검사 신뢰 공방", 《경향신문》(1991.5.20.)

태아의 성별이나 기형아 여부를 판단하는 방법으로도 간간이 소개된 PCR은, 이제 착상 전부터 출산까지 임신의 전 단계에서 유전자를 검사하여 여러 유전병을 사전에 정확히 진단하는 새로운 기술로 묘사되었다. X 염색체의 결함으로 정신박약 증상을 보이게 되는 '프래자일X증후군'을 출산 전에 PCR로 확인하는 방법을 제일병원 연구팀에서 개발했고, 차병원 연구팀에서는 PGD와 PCR을 통해 진행성 근육약화 유전병인 '듀센근위축증' 유전자를 탐색하는 방법을 개발했다.

이처럼 초창기 PCR은 AIDS, 결핵, 간염, 장티푸스와 같은 감염병을 미리 진단하거나 산전에 유전병을 확인할 수 있는 첨단 기술로서 언론에 묘사되었다. 구체적인 원리나 향후 발전 전망, 기술적 한계 등이 자세히 언급된 적은 없지만, 인간의 질병뿐 아니라 GMO나 동물 감염병을 진단하는 데 활용되었다는 보도도 간간이 이어졌다.

전염병 진단 기술로서 PCR

PCR이 다시 한번 언론에서 대대적으로 다뤄진 것은 2003년 4월 중증급성호흡기증후군(SARS), 일명 사스가 국내에서 유행하기 시작한 때였다. 사스는 2002년 말 중국에서 처음 확진자가 발생하면서 아시아를 중심으로 전 세계에 확산되었고, 국내에서는 '괴질'이라는 시대착오적인 이름으로 알려지면서 공포심을 불러일으켰다. 4월 4일 국내를 경유한 대만인이 사스에 확진되었다는 소식, 그 비행기에 동승한 여행객들은 음성이라는 뉴스, 그리고 17일 국내에서 의심 환자가 발생했다는 소식이 연달아 전해졌다. 그리고 알려지지 않은 새로운 변종 바이러스 전염병이면서 감염경로조차 불분명했기 때문에 전 세계를 공포에 빠뜨린 사스를 진단할 수 있는 방편으로 PCR이 다시 언급되었다.

그런데 흥미로운 것은 사스 감염 여부를 확인하는 기술로 PCR이 전폭적인 신뢰를 받지는 못했다는 점이다. 당시 WHO의 방침과 이를 참고한 국립보건원의 초창기 지침에 따르면, 사스 의심 환자를 확진하는 데에는 세 가지 기준이 공존했다. 하나는 의심 환자의 가검물에서 바이러스 RNA를 검출하여 PCR로 증폭했을 때 일정 비율 이상의 똑같은 RNA가 나오는 것, 두 번째는 의심 환자의 가검물에서 바이러스를 배양하고 분리하여 변종 코로나바이러스를 확인하는 것, 세 번째 항원-항체 검사에서 양성으로 나오는 것이었다. 그런데 이 세 가지 기준 중 PCR은 가장 후순위였다. 다시 말해 PCR 검사를 통해 양성에 해당하는 결과가 나왔더라도, 변종 코로나바이러스가 분리되지 않거나 항원-항체 검사 결과와 일치하지 않으면 사스 확진자로 간주하지 않았다.

그 이유 중 하나는 PCR이 다른 질병을 진단하는 데에는 상당히 높은 정확도를 보이지만, 아주 새로운 변종 바이러스를 진단하기에는 아직 기술적으로 충분하지 않다는 점이었다. 당시 국립보건원 김문식 원장의 언론 인터뷰에서도 이를 확인할 수 있었다.

〈질문〉 PCR 검사를 믿을 수 있나?

WHO에 자문을 구한 결과 "사스 진단은 오로지 임상적 증상과 여행지 등에 의해서만 한다."는 답을 얻었으며, 미국 질병관리청(CDC)에서는 "PCR 검사를 가지고 사스 진단에 어떤 지침으로도 사용해서는 안 된다."는 회신을 받았다. CDC는 PCR이 위양성이 나타날 가능성이 있으므로 환자의 가검물에서 변종 코로나바이러스를 분리해 내거나 항원-항체 검사법으로 확인해야 한다고 밝혔다. 현재로서는 PCR 검사 결과 양성반응이 나타났다고 해서 그 검사가 틀린 것인지 맞는 것인지 알 수 없으며, 어떤 예단도 할 수 없다.*

다른 질병과 달리 당시 사스에 대한 PCR 검사법은 독일에서 나온 지 1주일밖에 되지 않은 것이었는데, 신뢰할 수준의 데이터가 축적되지 않았기에 그 결과도 믿을 수 없다는 것이었다 따라서 사스 의심 환자를 관리하는 데 참고할 수 있지만, 바이러스 검출과 폐렴 증상, 항원 확인이라는 다른 기준에 부합되지 않으면 확진자로 분류하지 않겠다는 것이었다.

게다가 전문가들조차 WHO와 국립보건원이 제시한 이 기준에 대해 서로 다른 의견을 제시했다. 변종 코로나바이러스에 감염되었다 하더라도 즉 PCR을 통해 양성반응이 나왔다 하더라도 가벼운(mild) 증상을 보이거나 아

---

* "국립보건원 김문식 원장 일문일답",《연합뉴스》(2003.4.17.)

예 증상을 보이지 않을 수도 있는데, '중증'급성호흡기증후군 환자로 분류하는 것이 타당하냐는 논란이었다. 새로운 전염병을 확인하는 것뿐만 아니라 확산을 막기 위한 검역·격리·치료까지 포괄해야 하는 공중보건 정책 결정 과정에서, 새로운 진단 기술인 PCR은 확실한 우위를 점하기는 어려웠다.

그렇지만 5월 초 WHO가 PCR과 바이러스 분리배양 검사법 중 하나만으로도 사스 감염을 확진할 수 있다고 기준을 변경하고 국내 보건 당국도 이를 수용하면서, PCR의 지위는 달라졌다. WHO가 기준을 바꾼 이유는 확실하지 않지만, 사스 발생 후 어느 정도 시간이 흐르면서 변종 바이러스의 유전자 정보가 축적되고 이를 진단할 수 있는 기법들이 발전했기 때문에, PCR 결과의 공신력이 높아진 것으로 보인다. 특히 독일보다 4배 정도 정밀한 분석을 할 수 있다고 알려진 미국의 PCR 진단키트가 출시되고 국립보건원도 이를 이용하기로 하면서, PCR 검사의 정확도에 대한 우려가 어느 정도 해소되었다. 게다가 바이러스 분리배양이나 항원-항체 검사는 결과가 나오는 데까지 시간이 오래 걸려 실제로 전염병 확산을 신속히 막는 데 곤란하다는 지적이 있던 터에, 그나마 5일 정도 걸리는 PCR 검사가 유용할 것이라는 주장도 PCR에 힘을 실어 주었다.

진단 기술로서 PCR이 다른 기법들에 대해 비교 우위를 갖게 된 것은 2009년 소위 '신종플루'가 대유행하던 때였다. 3월 미국에서 시작된 신종플루는 멕시코를 거쳐 유럽, 아시아 지역으로 확산되었고 국내에는 5월 초부터 의심 환자가 보고되었다. 사스의 악몽을 떠올린 정부 당국은 초창기부터 무료로 PCR(RT-PCR) 검사를 실시했으나, 여름 이후 확산세가 수그러들지 않자 전국 병의원에서 조금 더 간단한 PCR 검사를 유료로 진행하도록 조치했다. 그런데 문제는 의심 증상을 가진 사람들이 감염 여부를 확인하기 위해 검사받는 PCR 비용이 너무 비싸다는 것이었다. 병의원에서 간단한 PCR 검사를 받는 데 7~8만 원, RT-PCR 검사를 받는 비용은 최대 18만 원이었다. 단순하게 감염에 대한 의심을 해소하기에는 너무 비싸다는 비판이 제기되었고, 그나마 보험을 적용받기 위해서는 고위험군(37.8℃ 이상의 고열, 65세나 임산부 등)에 포함되어야 했다. 이런 상황에서 시민들은 상대적으로 저렴한 2~3만 원대의 인플루엔자 신속항원검사를 받았다.

그렇지만 상대적으로 저렴했던 신속항원검사는 정확도 측면에서 PCR보다 불리했다. 신속항원검사는 항원 단백질 검출 여부에 따라 양성-음성 판정으로 판단하는데, 그 민감도(양성을 양성으로 판단하는 비율)가 50~60%밖에 되지 않았다. 다시 말해 이 검사를 통해 양성을 판정받았다 하더라도, 인플루엔자 확진으로 인정받지 못하는 경우도 발생했다. 따라서 비용적인 측면에서 부담이 되기는 했지만, PCR은 신속항원검사보다 더 정확한 검사법으로 인식되기 시작했다. 사스 유행 당시 다른 검사에 비해 후순위였던 PCR이 신종플루 유행을 겪으면서, 정확도와 비용, 검사 시간 등 진단 기술의 여러 측면에서 신속항원검사와 경합할 만한 기술로 바뀌기 시작한 것이다.

PCR, 코로나 대유행의 한가운데 서다

코로나19 대유행 이전에도 PCR은 생명과학과 의학 분야에서 유전자를 연구하거나 법의학이나 고고학과 같은 분야에서 활발하게 이용되었다. 예를 들어, 2007년 처음 유행하여 국내에서 환자가 발생한 바 있는 지카 바이러스 감염증을 예방하기 위해 이 바이러스를 매개하는 이집트숲모기의 DNA를 PCR로 증폭하여 바이러스 RNA가 얼마나 포함되어 있는지를 확인하거나, 범죄 현장에서 채집한 소량의 DNA 증거를 PCR로 증폭하여 범인의 신상을 확인하는 DNA 프로파일링을 하는 것이었다. 혹은 고대 유적이나 유물에서 채집된 시료 중 소량의 DNA를 추출하고 PCR로 증폭하여 인류의 역사를 살피기도 했다.

이런 PCR이 우리의 일상으로 깊숙이 들어온 계기는 코로나19 대유행이라는 팬데믹이었다. 2020년 1월 중국에서 신종 바이러스 감염 환자가 발생했다는 소식이 들려오자, 보건 당국은 중국에서 입국하는 사람 중 의심 증상을 가진 이들에 대해 PCR 검사를 진행했다. 이때 사용된 것은 판코로나바이러스(pan-coronavirus) PCR이었는데, 이는 코로나바이러스 계열 전체를 찾을 수 있도록 설계된 것이었다. 코로나19 발병 초기에는 신종 바이러스에 대한 유전자 정보 자체가 부족했기 때문에, 증상자의 검체를 검사한 결과를 확인할 수 있는 대상 자체가 없었다. 따라서 당시에는 증상자에게 이미 알려진 코로나바이러스 계열의 공통 유전자가 존재하는지를 먼저 확인했다. 양성 판정이 나오면, 어떤 종류인지는 모르지만 코로나바이러스에 감염됐다는 의미였다. 그러면 증폭된 추출물의 염기서열을 이미 알려진 6개의 코로나바이러스 유전자와 일일이 대조하여 동일한지 여부를 확인해야 했다. 만약 일치하는 코로나바이러스 유전자가 없다면, 신종 코로나바이러스에 감염된 것으로 확진했다. 2020년 1월 20일 국내에서 처음 확진자로 판정된 여성도 판코로나바이러스 PCR 검사를 받아 양성으로 나왔는데, 해당 여성의 몸에서 나온 추출물의 염기서열을 분석하고 중국에서 발표된 바이러스 유전자 염기서열과 비교하여 100% 일치된다는 결과를 얻었다.

그렇지만 판코로바이러스 PCR의 한계 중 하나는 결과를 얻는 데까지 시간이 오래 걸린다는 점이었다. 양성 판정을 하는 것 자체는 시간이 얼마 걸리지 않지만, 그 추출물의 염기서열을 분석하여 기존 바이러스와 대조하면서 일치 여부를 하나하나 확인하는 데까지 12~24시간 가까이 걸렸다. 신종 바이러스로 인한 미지의 전염병이 대유행할 수도 있는 급박한 상황에서, 24시간은 너무 긴 시간이었다. 따라서 조금 더 빠르게, 그리고 신종 바이러스 자체를 바로 확인할 수 있는 검사법이 필요했다.

새로운 검사법은 신종 코로나바이러스의 유전자 정보가 공개되면서 가능해졌다. 증상자의 검체에서 추출한 바이러스 정보를 다른 코로나바이러스와 비교하지 않고도 바로 신종 여부를 파악할 수 있는 대상이 공개된 것이었다. 이를 통해 2월 초부터 전국적으로 시행된 새로운 검사법이 '실시간 역전사(Real time reverse transcription, rRT)' PCR이었다. 이 PCR은 판코로나바이러스 PCR과 두 가지 측면에서 달랐다. 하나는 코로나19 유증상자의 목이나 코에서 얻은 시료(검체)에서 소량의 RNA를 분리한 후, 역전사효소(reverse transcirpt)를 사용하여 DNA(정확하게는 cDNA)를 합성한다. 그리고 이 DNA를 증폭해 신종 코로나바이러스의 유전자 정보와 일치하는지 확인하는 것이었다. 다른 하나는 증폭될 유전자에 형광물질을 붙여 PCR이 진행되는 동안 형광의 정량적 변화를 그래프로 확인하고 해당 DNA의 양을 실시간으로 측정하여 감염 여부를 판단하는 것이었다. 판코로나바이러스 PCR과 다른 원리로 작동하는 실시간 역전사 PCR은 검사 결과가 나오는 데 6시간밖에 걸리지 않았고 신종 바이러스만 확인할 수 있기에 더욱 정확했다. 2020년 1월 말부터 질병관리본부와 전국 18개 보건환경연구원에서 실시간 역전사 PCR을 실시했고 2월부터 민간 의료기관까지 확대되었다.

실시간 역전사 PCR을 빠르게 도입할 수 있었던 것은 무엇보다도 신종 바이러스의 유전정보가 공개되었기 때문이었다. 그렇지만 여기에 더하여 코로나19 대유행 이전부터 질병관리본부와 전문가 단체가 신종 전염병에 대비할 준비를 해 온 배경도 있었다. 사스와 신종플루에 이어 2015년 메르스(MERS)가 유행한 이후, 질병관리본부는 또 있을지도 모를 신종 감염병에 대비하여 2017년 감염병분석센터를 신설하고, 세균과 바이러스 및 고위험 병원체를 분석하고 감염병을 진단하는 업무를 전담하도록 했다. 그리고 대한진단검사의학회와 함께, 아직 국내에 유입된 적이 없는 새로운 감염병에 대한 진단검사법을 평가하는 시스템을 마련했다. 이런 준비는 코로나19 대유행 초창기에 rRT-PCR 검사를 빠르게 도입하는 데 일조했는데, 신종 바이러스의 유전자 정보가 공개된 직후 이를 확인할 수 있는 검사법을 빠르게 구축하고 검증할 수 있었다. 신종 바이러스를 rRT-PCR로 진단할 수 있는 진단시약도 2월 4일 긴급하게 승인되었는데, 이 역시 메르스 사태 이후 도입된 긴급사용승인제도 덕분에 가능했다. 새로운 감염병의 발생 가능성이 있음에도 불구하고 국내에 허가된 진단시약이 없을 경우, 긴급하게 개발된 시약을 평가하여 한시적으로 승인해 주는 제도였다. 코로나19 대유행 초창기 외국에 비해 빠르고 정확하게 확진할 수 있는 PCR을 적용할 수 있었던 데에는 과거의 경험과 준비가 중요한 역할을 한 것이었다.

이렇게 도입된 rRT-PCR은 거의 일 년 동안 코로나 감염을 진단하는 권위 있는 검사법으로 자리 잡았다. 1월 30일부터 질병관리본부뿐 아니라 전국의 18개 보건환경연구원에서 PCR 검사를 실시했고, 2월 7일부터는 전국 124개 보건소와 8개 수탁검사기관, 그리고 38개 민간 의료기관으로 확대되었다. 검사 대상도 넓어졌는데, 원래는 중국을 방문한 이력과 의심 증상이 있는 경우에만 검사를 받았지만, 중국을 방문한 적이 없어도 증상이 있으면 의사의 판단 아래 검사를 받을 수 있었다. 2월 13일에는 또 다른 진단시약이 추가로 긴급사용승인을 받아 더 많은 검사를 할 수 있게 되었는데, 하루 5천여 명까지 검사할 수 있던 것을 1만여 명까지 늘릴 수 있었다.

검사 비용이 무료였다는 사실도 PCR이 널리 사용되는 데 일조했다. 초창기에는 중국이나 코로나19 발생국에 여행을 다녀왔고 의심 증상이 있는 경우, 확진자와 접촉한 적이 있고 증상이 있는 경우에는 의사의 소견 아래 PCR 검사를 무료를 받을 수 있었다. 설령 결과가 음성으로 나온다 하더라도 검사비를 낼 필요가 없었다. 의심 증상이 없다고 하더라도 혹시나 하는 마음에 검사를 받았을 경우에는 자비로 16만 원을 부담해야 했지만, 만약 양성으로 판정되면 검사비를 돌려받았다. 코로나 확진자가 점점 늘어나면서, 6월부터 서울 시민은 증상이 없더라도 무료로 선제 검사를 받았고, 12월에는 3주 동안 일시적으로 전 국민 누구나 원할 때 무료로 검사를 받을 수 있도록 했다.

PCR 검사가 코로나 감염을 진단하는 검사법으로 이용되는 동안, 신속항원검사는 정확도가 떨어진다는 이유로 도입되지 않았다. 그렇지만 신규 확진자가 하루에 1,000명을 넘을 정도로 사태가 심각해지고 PCR 검사만으로는 감당할 수 없는 상황에 이르자, 보건 당국은 PCR과 함께 신속항원검사를 병행하기로 결정했다. 신속항원검사는 PCR에 비해 민감도(코로나 감염자가 검사받았을 때 양성으로 나올 확률)가 떨어지지만, 30분 내에 결과가 나오기 때문에 감염자를 신속하게 찾을 수 있었다. 신속항원검사를 받은 후 양성으로 판정되면, 더 정확한 PCR 검사를 추가로 받아 최종 확진하는 것이었다. 무료였던 PCR과 달리 신속항원검사는 8천 원 내외의 비용을 부담해야 했다. 2009년 신종플루 유행 당시 PCR이 신속항원검사보다 월등히 비싼 탓에 대대적으로 활용되지 못한 것을 떠올리면, 2020년은 완전히 상황이 달라진 것이었다. 코로나19 대유행 당시 PCR은 다른 검사법에 비해 더 정확하고 접근하기도 쉬운 기술이 되어 있었다.

나가며

코로나19가 유행한 몇 년 동안 바이러스 감염 여부를 확인하기 위해서, 다시 말해 본인이 확진자인지를 알기 위해서 다양한 방법이 동원되었다. 2021년부터는 약국에서 자가진단키트를 구입해서 집에서 스스로 항체-항원 검사를 할 수 있게 되었고, 그 결과가 미심쩍으면 병원을 방문하여 의료진을 도움으로 신속항원검사를 받았다. 그리고 이런 항체-항원 검사보다 더욱 정확한 진단법으로 인정받은 것이 PCR 검사였다. 검사 방법·장소·비용·편의성이나 정확도에서 각각 장단점이 있지만, 코로나19 대유행 기간 동안 감염 여부를 확인하는 가장 권위 있는 방법으로 PCR은 확실히 자리매김했다.

그렇지만 PCR이 처음부터 전염병 감염을 진단하는 확실한 검사법으로 인정받은 것은 아니었다. 1980년대 말 국내에서 처음 소개된 PCR은 전염병 감염보다는 AIDS와 같은 공포의 질병이나 유전병을 진단하는 기술이었다. 그러다가 2000년대 들어와 사스와 신종플루가 대대적으로 유행하면서 전염병 감염자를 확진하는 기술 중 하나로 PCR이 주목받았지만, 다른 검사법보다 월등히 우월한 지위를 누리지는 못했다. 전염병 감염자임을 확인하기에는 PCR을 포함한 여러 검사의 결과보다 임상적 증상이 더 믿을 만하다는 관념이 여전했고, 나아가 PCR은 전통적인 바이러스 배양법이나 항체-항원 검사를 보조하는 기술로 묘사되었다.

그렇지만 코로나19가 유행한 초창기에 PCR은 전염병 감염 여부를 진단하는 유일한 방법이었다. 오래전부터 신종 감염병 유행을 대비하고 있던 보건 당국과 전문가 단체는 신종 바이러스를 확인할 수 있는 검사법으로 rRT-PCR을 도입했고, 이에 필요한 진단시약도 한시적으로 긴급사용을 승인했다. 전염병 확산 추이에 맞추어 무료로 혹은 저렴하게 검사받을 수 있는 대상을 점차 확대했기에, 코로나 감염이 의심되면 으레 PCR 검사를 받는 것이 당연시되었다. PCR로만 감당하기 어려운 상황에 이르러 다른 검사법이 병행되었지만, 여전히 PCR은 코로나19 대유행 당시 가장 정확하고 믿을 만한 진단 기술이 되어 있었다.

나를 보호하는 기술 ─────────────────────────────────

백신

아직 치료제가 상용화되지 않은 상황에서, 코로나19에 대응할 방법은 확진되었거나 의심 증상이 있는 사람을 조기에 발견·검사·격리·치료하는 '사후적인 대처'와 마스크 착용·사회적 거리두기·백신 접종과 같은 '사전적인 조치'였다. 그러나 공동체를 보호하기 위한 이런 조치는 개인의 권리를 일정 정도 제약할 수밖에 없고, 이를 얼마만큼 용인할 것인지를 두고 다양한 의견이 존재했다. 그중에서도 백신 접종은 공동체와 나를 보호해 주면서도 어쩌면 나를 위험하게 만들 가능성이 조금이라도 있는 기술이기에, 강제적 백신 접종은 개인의 자유를 심각하게 침해한다는 인식이 강했고 이로 인한 갈등은 더욱 격렬하게 표출되었다. 백여 년 동안 미국에서 진행되어 온 논쟁, 그리고 코로나19가 유행할 당시 우리나라뿐 아니라 전 세계에서 드러난 대립과 법적 다툼이 이를 잘 보여주는 것이었다.

#5. 앱을 켜서 근처 병의원에 잔여 백신이 있는지 확인한다. 어떤 백신은 아예 찾는 것조차 힘들다. 그런데 어렵게 예약한 백신인데도 왠지 조심스럽다. 가끔 뉴스나 SNS에서 들려오는 백신 부작용에 대한 흉흉한 소문 때문이다. 아나필라시스라고 했던가? 그래서 미국에서는 백신을 맞지 않으려는 사람들도 많다던데…. 백신을 안 맞아도 마스크 쓰고 개인위생을 철저히 하면 코로나에 안 걸릴 수도 있을 것 같지만, 다른 사람들 눈치도 보이고 여러 가지로 생활하기 불편하기도 할 것 같다. 어쩌나?

코로나19 확진자가 국내에서 발생한 지 거의 일 년이 지난 2021년 2월 26일 백신 접종이 시작되었다. 요양시설과 요양병원에서 근무하는 65세 미만의 종사자 및 해당 시설 입소자 중 우선 접종 대상으로 27만여 명을 확정하여 아스트라제네카(AZ) 백신을 접종했다. 뒤이어 코로나19 환자를 치료하는 의료진이 백신을 맞았고, 4월 26일부터는 경찰·해양경찰·소방공무원 등 사회필수인력으로 그 대상이 확대되었다. 6월 이후부터는 75세 이상 어르신부터 일반 인구까지 백신 접종이 본격적으로 시행되었다. 2022년 초 오미크론 변이가 등장하면서 확진자가 폭발적으로 증가했고 백신을 맞았는데도 코로나19에 감염되는 '돌파감염' 사례가 등장하면서, 백신의 효용은 예전만큼 강력해 보이지 않았다. 그렇지만 여전히 백신은 코로나19에 대응할 수 있는 가장 효과적인 과학기술이기에 대대적인 접종이 권장되었고, 동시에 부작용을 호소하거나 백신을 우려하고 거부하는 목소리도 끊이지 않았다.

코로나19 백신 접종 시작, 그리고 우려

2021년 2월 '코로나19 백신의 안전성을 우려하는 의료인연합'은 정부에서 막 시행하려고 준비 중이던 백신 접종을 반대하는 성명을 발표했다. 의사, 치과의사, 한의사 등 19명의 의료인이 실명으로 발표한 이 성명서에는 백신 접종을 반대하는 이유를 다음과 같이 제시했다. 첫 번째는 코로나19 백신의 안전성이 충분히 검증되지 않았다는 것이다. 백신이 개발되고 상용화되기까지는 보통 5년에서 10년이 걸리는데, 코로나19 백신은 처음 확진자가 나온 지 1년도 되지 않아 개발되었다는 우려였다. 임상시험의 각 단계를 충분히 수행했는지, 장기적인 부작용은 무엇인지 등에 대한 정보가 없는 상태에서 백신 접종은 위험할 수도 있다는 것이었다. 두 번째는 백신의 효능에 대한 평가가 부정적이라는 이유였다. 코로나19 백신의 임상시험 결과가 부풀려졌고 백신의 실질적 효능이 낮다는 외국 의학 저널의 보도가 그 근거였다. 세 번째는 노령자와 기저질환자에 대한 백신 실험 데이터가 부족하다는 것이었다. 백신 임상시험에 코로나19 위험군으로 지목되는 인구 집단이 충분히 포함되지 않았기 때문에, 이들에 대한 백신 접종이 위험할 수도 있다는 주장이었다. 백신을 개발하는 과정의 여러 문제를 지적한 뒤, 의료인연합이 내세운 마지막 반대 이유는 강제적 백신 접종은 인간의 존엄을 파괴하는 비윤리적인 행위라는 점이었다. 국민 스스로 원치 않는 행위를 강요당하지 않아야 하며, 백신 역시 이를 원하지 않는 국민에게 강제로 접종할 수 없다는 것이었다. 이 모임이 주도한 반대 서명은 하루 만에 1만여 명이 참여할 정도로 주목받았다. 코로나19가 유행하기 시작한 지 1여 년이 지나 백신이라는 강력한 도구로 팬데믹을 극복하려 한 정부의 계획에 예상치 못한 반대의 목소리가 등장한 것이다.

정부는 2021년 2월부터 코로나19에 대한 대응을 전면적으로 바꾸었다. 검사(test)·추적(trace)·치료(treat)를 뜻하는 3T 전략을 통해 코로나19 유행과 확산을 차단하는 방침에서 벗어나, 백신 접종과 비약물적 중재 수단(ex. 사회적 거리두기와 마스크 착용)을 병행하여 전염병의 유행을 억제하고자 했다. 이런 변화는 2020년 하반기 여러 제약 회사에서 코로나19 백신을 개발한 덕분이었는데, 정부는 11월부터 아스트라제네카, 화이자, 얀센, 모더나 등과 백신 공급 계약을 체결했다. 그리고 2021년 2월 26일 오전 9시부터 전국의 요양병원과 요양시설 내 65세 미만의 종사자와 입소자가 아스트라제네카 백신을 맞았고, 4월 1일부터 75세 이상의 고령층을 대상으로 아스트라제네카뿐 아니라 화이자·모더나·얀센 백신을 접종하기 시작했다. 2021년 예방접종을 위해 총 1억 11,891만 회분의 백신을 도입했고, 전국에 280

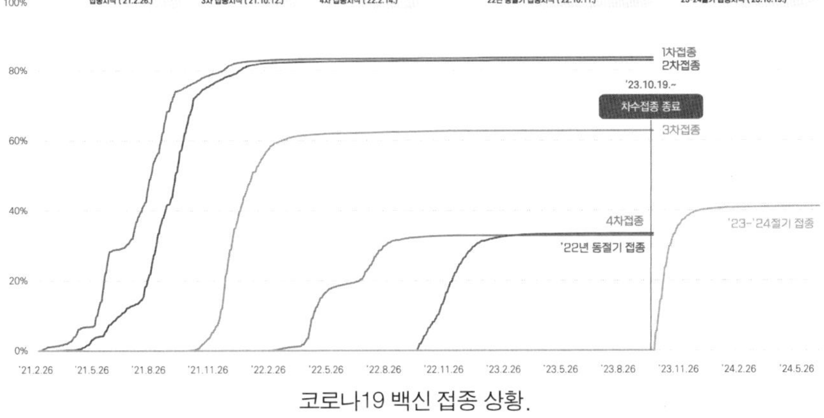

코로나19 백신 접종 상황.
출처: 질병관리청, 『코로나19 대응백서』, 2025, 23쪽.

여 개의 예방접종센터를 설치하여 운영했으며, 5월 27일부터는 민간 의료 기관에서도 예방접종을 시행했다. 7월 26일부터는 50대부터 시작하여 연령별 대국민 접종을 시작했고, 8월 이후에는 19~49세 청장년층까지 확대했다. 2020년 상반기에 1,300여만 명, 추석 전 3,600여만 명에게 1차 접종을, 10월까지 3,600여만 명에게 2차 접종을 완료하여, 2021년 12월 말 기준 전국민의 82.8%가 1, 2차 백신 접종을 마쳤다.

백신 접종이 시작된 직후 접종 대상 코호트 내 접종자와 비접종자의 발생률 차이를 분석한 결과에 따르면, 아스트라제네카 백신과 화이자 백신의 예방 효과는 각각 90.7%, 100%로 확인되어, 상당한 감염 예방 효과가 있는 것으로 드러났다. 5월 1일부터 7월 31일까지 확진자 77,146명을 대상으로 증상의 위중함(중증도)을 비교·분석한 결과에 따르면, 백신을 맞은 확진자의 중증화율이 72.6% 감소한 것으로 나타났다. 백신 접종이 감염을 막아 줄 뿐 아니라 설사 감염이 되더라도 중증으로 발전할 확률을 낮춘다는 것이 확인되면서, 정부는 백신 접종을 확대하는 한편 방역 조치를 조심스럽게 완화하기 시작했는데, 우선 6월 1일부터는 예방접종 완료자를 인원 제한 조치에서 제외했다. 그리고 10월 전 국민 기초접종률(1, 2차 접종)과 감염 취약계층인 고위험군의 접종률이 각각 70%, 90% 이상에 이르고, 감염 이후에도 중증으로 발전할 확률(중증화율)이 낮아지면서, 11월부터 단계적 일상 회복('위드 코로나') 1단계 조치가 시행되었다. 유흥 시설을 제외한 다중이용시설의 운영시간 제한을 해제했고, 백신을 접종한 사람이면 대부분 시설을 자유롭게 이용할 수 있도록 했다. 사회적 거리두기나 마스크 착용과 같은 여타의 수단과 함께 백신은 코로나19 유행을 극복할 수 있는 유력한 과학기술처럼 보였다.

그렇지만 모든 이들이 백신 접종을 환영한 것은 아니었다. 어떤 이들은 이왕이면 백신을 일찍 맞아 감염을 예방하거나 설령 감염되더라도 덜 아프고 넘어갈 수 있기를 희망했다. 7월 이후 백신 접종 대상을 전 국민으로 확대했을 때, 잔여 백신을 먼저 예약하려는 접속이 폭주해 네이버와 카카오 애플리케이션이 멈췄다는 보도가 나왔다. 하지만 의료인연합의 성명처럼 백신 연구개발 과정이 비정상적으로 빨랐고, 따라서 충분한 임상시험을 통해 예방 효과와 안전성을 검증받았는지 불안해하는 목소리도 끊이지 않았다. 75세 이상 고령층을 대상으로 백신 접종을 시작한 4월 이후 한동안 백신 접종률이 생각보다 높지 않다는 언론 보도가 심심찮게 나왔는데, 그 이유 중 하나로 백신의 효과와 안전성을 확실하게 믿기 어렵다는 심리적 요인이 지목되었다. 정부가 6월 1일부터 백신 접종자를 인원 제한 조치에서 제외하겠다는 인센티브를 발표한 것도 어떻게 보면 백신을 더 많이 맞게 하려는 의도로 이해될 수 있었다.

백신 부작용에 대한 우려와 함께, 원하지 않는 개인에게 직간접적으로 강제하는 정책에 대한 반발도 거의 동시에 제기되었다. 백신 접종 초창기였던 2021년 4월 경찰과 소방공무원 등 사회필수인력에 대한 접종이 시작되었을 때, 솔선수범하여 백신을 맞는 경찰청장의 퍼포먼스가 대대적으로 홍보되었다. 그렇지만 이에 부담을 느낀 일선에서는 백신 접종을 은연중에 강요하는 것을 멈춰 달라고 항의했다. 백신 접종을 자율에 맡긴다면서도 윗선에서 시도경찰청의 접종률을 일일이 확인한다거나, 직접적인 처벌을 규정하지는 않았지만 승진 유보 등 불이익이 있을지도 모른다는 소문은 실제로 백신 접종을 강제하는 것으로 인식되었다. 일부 민간 기업에서도 직원들에게 백신 접종을 권장하고 이를 인사고과에 반영하겠다는 방침을 내세우면서, 억지로 백신을 접종해야 한다는 불만은 점점 커졌다.

백신에 대한 우려는 특히 2020년 여름 이후에 더 심각해졌는데, 백신을 맞은 뒤 부작용을 경험하거나 심지어 사망한 사건이 알려졌기 때문이다. 4월 말 아스트라제네카 백신을 맞은 30대 남성이 희귀 혈전증 증상을 보였는데, 6월 1일 정부는 이를 백신 부작용으로 공식 인정했다. 이 남성은 백신 접종 후 심한 두통을 앓았고 경련까지 일으켜 입원했는데, 검사 결과 '혈소판 감소성 혈전증(TTS)'으로 확인된 것이었다. 정은경 질병관리청장은

"발생이 굉장히 드물고, 조기에 발견하면 치료가 가능하다. 접종으로 인한 위험보다는 이득이 크다."고 강조했지만,* 백신 부작용에 대한 걱정을 완전히 지울 수는 없었다. 비슷한 시기 청와대 국민청원 게시판에는 백신을 맞은 뒤 어머니와 외삼촌이 사망했다면서 억울함을 호소하는 글이 올라왔다. 급기야 6월 21일 아스트라제네카 백신을 맞은 또 다른 30대 남성이 희귀 혈전증으로 사망했다는 소식이 언론에 대서특필되었다. 아무런 기저질환도 앓지 않았던 이 남성은 5월에 백신을 맞고 심한 두통과 구토 증상을 보여 병원에 입원했고, 희귀 혈전증 확진을 받고 하루 뒤에 사망했다. 정부는 이를 백신 부작용에 의한 사망이라고 공식 인정했다. 이 사건 이후 백신을 맞은 뒤 이상을 느끼면 부작용이 아닌가 걱정하면서 응급실을 찾는 사례가 폭증했고, 가능하면 백신 접종을 최대한 미루거나 이왕이면 화이자나 모더나, 얀센 백신을 맞으려는 사람들이 많아졌다. 그리고 7월 26일 화이자 백신을 맞은 20대 남성 군인이 심장근육에 염증이 생기는 심근염으로 사망했고, 정부는 이 또한 백신 접종과 인과성이 있다고 인정했다. 공식적으로 인과관계를 인정받지 못했지만, 백신 부작용을 호소하는 사례는 이후에도 끊이질 않았다. 한쪽에서는 백신을 서로 먼저 맞으려고 했지만, 누군가는 접종을 거부하거나 최대한 늦추려는 모습이 공존했다.

2020년 10월 1, 2차 백신접종률이 70%에 다다르면서 정부는 단계적 일

---

* "AZ 맞은 30대 남성, 국내 첫 희귀혈전증",《중앙일보》 2021.6.1.

상 회복 계획을 준비했다. 충분하지는 않더라도 어느 정도 집단면역이 달성되었다는 판단 아래, 수개월 동안 마스크를 쓰고 사회적 거리두기를 하느라 지친 일상을 조금씩 회복시킬 필요가 있다는 취지였다. '위드 코로나'라는 수식어와 함께 정부는 11월 1일부터 단계적 일상 회복 1단계를 시행했다. 유흥 시설을 제외한 대부분 생업 시설의 운영시간 제한을 풀었고, 위험도가 낮은 학원·영화관·공연장·독서실 등은 백신 접종 여부와 상관없이 마스크를 착용하고 이용할 수 있도록 했다. 그리고 위험도가 높은 노래연습장, 목욕탕, 실내 체육 시설이나 유흥 시설은 백신 접종을 완료했거나 백신을 맞지 않았더라도 PCR 검사 결과 음성이라는 것을 확인할 수 있는 사람만 이용할 수 있도록 했다. 12월 6일부터는 카페·학원·독서실·스터디카페·영화관·공연장·미술관·도서관도 백신을 맞지 않은 사람은 이용하기 어려워졌다.

이런 접종 증명·음성 확인제, 소위 '백신 패스' 혹은 '방역 패스'는 백신 접종자와 미접종자 사이에 차별을 두는 것이라는 논란을 일으켰다. 백신을 맞지 않겠다는 결정은 개인의 선택이고 자유인데, 그 선택으로 인해 남들처럼 일상생활을 온전히 누리지 못하는 것은 불공평하다는 것이었다. 심각한 알레르기 등 건강상의 이유로 아예 백신을 맞을 수 없는 사람은, 본인의 자발적인 선택과 결정이 아님에도 불구하고, 일상생활을 할 수 없게 되는 상대적 불이익을 받는 것이라는 불만도 제기되었다. 결국 이번 조치는 백신의 효과와 안전에 대한 다양한 의견과 개인의 선택 및 예외적인 상황을 무시한 채, 백신 접종을 은연중에 '강요'하는 것이 아니냐는 비판이 터져 나왔다.

　백신을 맞지 않으면 일상생활을 누리지 못하게 하는 것처럼 보이는, 그래서 백신 접종을 강요하는 것처럼 보이는 정부 방침에 대한 불만은, 19세 이하 청소년에 대해서도 백신 패스를 적용하겠다는 발표로 인해 더욱 폭발했다. 12월 6일 백신 패스 적용 시설을 확대할 때 학생들이 주로 이용하는 학원과 독서실, 스터디카페 등도 포함되었는데, 당시 이 조치는 19세 이상 성인을 대상으로 한 것이었기에 청소년은 해당되지 않았다. 그렇지만 정부는 2022년 2월부터 19세 미만 청소년에게도 백신 패스를 적용하겠다고 새롭게 발표했다. 그동안 청소년의 경우 백신 접종을 적극적으로 권장하지 않았지만, 12~18세 연령대에서 확진자가 폭증하면서 방침을 바꾼 것이었다.

　정부의 이 발표에 대해, 백신을 맞지 않은 학생에게 불필요한 낙인을 찍는 것일 뿐 아니라 학원이나 독서실 등에서 공부할 수 있는 학습권을 침해하며 결국 백신 접종을 강요하는 것이라는 불만이 터져 나왔다.

　　중2, 고1 자녀를 둔 B씨는 "가뜩이나 코로나19로 학생들 학력이 전반적으로 떨어지고 학교 교육에 대한 부모들 불만도 커진 상황에서 학원을 볼모로 접종을 강요하는 것 아닌가."라며 '집단감염이 자주 발생하는 종교 시설과 백화점, 놀이공원은 놔두고 학원에 방역 패스를 적용하는 것은 학습권 침해'라고

비판했다.[*]

청와대 국민청원 게시판에는 "아이들까지 백신 강요하지 마세요."라는 청원이 등장했고, 온라인 육아 커뮤니티 등에 이 청원 게시판 링크가 공유되면서 이틀 만에 7만 명이 동의했다. 이 청원을 올린 학부모는, 사교육 없이 대학에 들어가기 힘든 현실에서 학원을 방역 패스 적용 대상으로 지정한 것은 청소년 백신 접종을 늘리려는 당국의 의도라고 비판했다. 게다가 긴급승인을 거친 백신에 대한 불안이 여전한데 이를 아이들에게 선뜻 맞추려는 부모는 없을 것이라고 강조했다. 학부모 1만 5천여 명을 대상으로 한 설문조사에 따르면, 청소년 방역 패스 도입을 반대한다는 의견이 71.9%였다. 백신의 효과와 부작용에 대한 오랜 우려가 자녀의 공부와 건강을 걱정하는 학부모의 반발로 더욱 커진 셈이었다.

백신 접종을 강요하는 것처럼 이해된 청소년 방역 패스는 집단행동과 소송으로 이어졌다. 전국학부모단체연합 등 67개 학부모 단체는 12월 9일부터 총리 공관과 질병관리청, 교육부, 서울특별시교육청 앞에서 반대 시위를 벌이기 시작했다. 12월 10일에는 고등학교 3학년 수험생을 포함한 400여 명이 정부와 17개 시도지사를 상대로 '방역 패스는 위헌'이라면서 헌법소원심판을 청구했다. 며칠 뒤에는 '함께하는사교육연합' 등 학부모 단체

---

[*]　""학원 볼모로 접종 강요"…청소년 '방역패스' 불만 터져나와", 《세계일보》 2021.12.3.

가 서울행정법원에 방역 패스 취소소송 및 집행정지 신청을 냈다. 그리고 12월 31일에는 의료계 인사 등 1,023명의 시민이 보건복지부 장관, 질병관리청장, 서울 시장을 상대로 서울행정법원에 소송을 제기했다. 방역 패스는 사실상 백신 접종을 강요하는 것이고 미접종자에 대한 차별을 낳으며 공익에 비해 불이익이 현저하게 크다는 이유였다. 2022년 1월 4일 서울행정법원은 학부모 단체가 보건복지부 장관을 상대로 낸 청소년 방역 패스 집행정지 신청을 일부 받아들여, 행정소송 1심 판결이 선고될 때까지 청소년 방역 패스 적용을 일시 정지하라고 주문했다. 법원은 백신 미접종자가 학원이나 독서실을 이용하지 못할 경우, "교육의 자유, 직업 선택의 자유 등을 직접 침해하는 조치에 해당한다."면서, 백신 패스가 객관적 이유 없이 특정 집단을 불리하게 차별하는 것이기에 위헌적이라고 판시했다.[*] 정부는 항고했지만, 이 판결에 고무된 시민단체들은 곧이어 전 국민의 기본권을 제한하는 방역 패스를 철회하라는 행정소송을 제기했다. 애초 2022년 2월부터 시작할 예정이었던 청소년 방역 패스는 법원 판결과 반대 여론에 부딪혀 4월 1일로 연기되었다가, 3월 1일 방역 패스 자체를 잠정적으로 중단한다는 방침으로 인해 시작조차 하지 못하고 철회되었다.

---

[*] "법, "방역패스, 기본권 침해" 인정, 줄소송 후폭풍 예고",《서울신문》2022.1.4.

우리나라만 그런 것이 아니었다.

한국에서 청소년 방역 패스를 둘러싼 법적 다툼과 갈등은 백신 접종 초창기부터 제기된 오래된 우려가 증폭된 것이었다. 지나치게 짧았던 백신 연구 과정에 대한 걱정, 백신의 부작용에 대한 불안감과 함께 백신 접종을 강요하는 듯한 방역 지침에 대한 거부감이 뒤섞인 반발이었다. 이런 갈등은 비단 한국만의 모습은 아니었다. 외국에서는 코로나19 백신이 개발되기 전부터 백신 접종을 둘러싼 시끄러운 소란이 있었다. 일례로 2020년 8월 스콧 모리슨 호주 총리는 한창 개발 중이던 아스트라제네카 백신의 공급 계약을 체결하면서, 전 국민이 무료로 그리고 '의무적으로' 백신을 맞을 수 있도록 하겠다고 발표했는데, 이는 백신 접종 의무화에 대한 논쟁을 불러일으켰다. 이미 코로나19 대유행 이전부터 세계보건기구(WHO)가 '백신 거부'를 공중보건 위협 10대 요인 중 하나로 지목할 정도로 백신을 반대하는 움직임이 있어 왔고, 그렇지 않아도 코로나19 백신이 성급하게 개발되는 것은 아니냐는 우려 때문에 미국인과 영국인 각각 44%, 37%가 코로나 백신을 맞지 않겠다는 여론조사 발표도 있었다. 이런 상황에서 호주 총리의 발언은 호주뿐 아니라 다른 나라의 반(反)백신주의를 자극하는 것처럼 들렸다. 논란이 가열될 조짐을 보이자 미국 연방알레르기·전염병연구소 소장인 앤서니 파우치는 시민들이 백신을 거부하면 정부가 할 수 있는 일이 별로 없다면서 백신 접종 의무화는 쉽지 않을 것이라고 언급했다. 그리고 12월 WHO는 의사와 간호사처럼 특정 직업군에 대해서는 백신 접종을 강력히 권고할 수 있지만 일반 국민에게 강제로 접종해서는 안 된다는 입장을 표명하면서, 그 대신 백신의 장점을 최대한 알려 접종을 설득해야 한다고 강조했다. 백신 접종이 본격적으로 시작되기 이전부터, 개발 과정에 대한 우려와 강제 접종에 대한 불만이 제기되었던 것이다.

이런 논란 속에서도 미국은 영국에 이어 2020년 12월 14일(현지 시각)부터 일반 국민을 대상으로 백신 접종을 시작했고, 가장 많은 확진자와 사망자가 나왔다는 불명예를 벗고 팬데믹을 극복할 수 있다는 희망에 부풀었다. 처음 백신을 맞은 사람은 뉴욕의 한 병원 중환자실에서 근무하는 간호사였는데, 이 여성이 백신을 접종하는 장면이 TV로 생중계될 정도였다. 도널드 트럼프 대통령은 SNS에 "첫 백신이 접종되었다. 미국에 축하를! 세계에 축하를!(First Vaccine Administered. Congratulations USA! Congratulations WORLD!)"이라고 적어 백신 접종을 환영했고, 엘릭스 에이자 보건복지부 장관은 이날을 '역사적인 날'이라면서 코로나19 대유행의 끔찍한 터널에서 벗어날 수 있게 되었다고 말했다. 모더나 백신 등 또 다른 백신이 추가 승인될 것이라는 예상과 이제는 팬데믹을 끝낼 수 있다는 기대감으로 이날 뉴욕 증시가 소폭 상승했고, 특히 여행 관련주가 급등했다고 보도되었다. 누적 사망자 수가 30만 명을 돌파하던 날이었다.

그렇지만 백신에 대한 기대감은 오래된 불안과 불만을 자극했다. 유명 인플루언서는 인기 웹 프로그램에서 공공연히 백신을 맞지 않겠다면서, "예수님이 맞는다고 해도 나는 안 맞을 것이다.(I don't care if Jesus takes it, I'm not taking the vaccine.)"라고 선언했고, 어떤 인터넷 매체 기자는 정치인들이 국민을 통제할 수단으로 백신을 이용하는 것이라고 주장했다. 이런 주장의 근거는 코로나19 백신의 효과와 부작용에 대한 과학적 근거가 부족하고, 백신을 맞고 싶지 않은 사람의 자유를 침해한다는 것이었다. 정부에서 백신 접종을 증명하는 '백신 ID'를 발급할 것이라는 소문도 퍼졌다. 직장인 9,000명을 대상으로 한 설문조사에서는 41%가 의무적인 백신 접종을 반대한다고 응답했다. 백신 그 자체에 대한 우려뿐 아니라, 개인의 의사에 반하는 접종도 거부한다는 목소리는 백신 접종이 시작된 이후에도 줄어들지 않았다.

이런 반발에도 불구하고 연방정부는 백신 접종을 강력하게 권장했다. 12월 18일 연방기관인 평등고용기회위원회(EEOC)는 각 기업이 사내 안전을 위해 노동자에게 백신을 의무적으로 맞게 하거나 접종 증명서를 요구할 권한이 있다고 발표했다. 이 지침에 따르면 백신 접종을 거부한다고 해서 고용주가 해당 직원을 해고할 수는 없지만, 다른 직원의 안전을 위해 무급휴가를 주거나 재택근무를 지시할 수 있었다. 다만 특정한 장애가 있거나 종교적 믿음에 따라 거부할 경우에는 백신 접종을 면제받았다. 이런 정부 지침에 대해 어떤 기업은 인센티브를 제공하는 등 여러 방식으로 노동자의 백신 접종을 유도했지만, 일부 기업은 의무화 자체를 주저하거나 백신 접종으로 인한 부작용을 우려하기도 했다. 접종을 권장할 수는 있지만 의무적인 방식은 여전히 부담이었던 셈이다.

2020년 12월부터 백신 접종을 시작했지만 델타 변이의 유행 등으로 코로나19가 잠잠해질 기미가 보이지 않자, 연방정부는 더욱 강력한 조치를 취했다. 2021년 7월 말 연방정부 소속 공무원 및 연방기관과 계약한 업체의 노동자에게 백신 접종 여부를 증명하라고 명령했던 바이든 대통령은 9월 초 이들에게 백신 접종을 의무화하는 명령에 다시 서명했다. 의학적·종교적 이유를 제외하고는 개인의 의사에 따라 백신 접종을 거부하는 것을 일절 허용하지 않으며, 이를 거부하는 직원에 대해서는 해고를 포함한 징계를 검토하겠다는 초강수였다. 이 명령에 따라 연방기관에 직접 고용된 직원, 민간인 신분이지만 연방기관과 계약한 노동자는 75일 이내 즉 11월 24일까지 의무적으로 백신을 맞아야 했는데, 그 규모는 수백만 명을 넘었다.

여기에 덧붙여 바이든 대통령은 100인 이상이 일하는 민간 사업장의 직원 역시 백신을 접종하거나 매주 코로나 검사를 받고 음성 결과를 제시하도록 하는 규칙을 마련하라고 지시했다. 그리고 11월 노동부 산하 직업안전보건청(OSHA)은 100명 이상이 근무하는 기업의 근로자에게 2022년 1월 4일까지 백신 접종을 마쳐야 한다는 지침을 공표했다. 이에 따르면 마감 시한까지 백신을 맞지 않은 근로자는 매주 코로나19 검사를 받고 마스크를 써야 하며, 이를 위반하면 해당 고용주에게 벌금 1만 4천 달러(약 1,600만 원)를 부과할 수 있었다. 이 규정은 민간 사업장 노동자 8,400만 명을 포함해 총 1억 명에게 적용되는 것이었고, 미국 노동자의 3분의 2에 달하는 규모였다. 정부의 이런 방침에 기업들도 호응했는데, 유나이티드 항공은 백신을 맞지 않은 직원을 해고하겠다는 초강경책을 내놓았고, 식품 회사인 타이슨푸드는 미국 내 직원 91%가 1회차 이상의 백신을 맞았다고 발표했다. 백신을 접종한 직원에게는 200달러의 인센티브를 지급하고, 근무시간

외에 백신을 맞으면 4시간분의 급여를 제공했다. 페이스북과 구글, 마이크로소프트 등 정보기술 기업도 백신 의무화 규정을 도입했다.

그렇지만 연방정부의 방침은 백신 접종을 반대하는 이들의 격렬한 저항을 불러일으켰다. 공화당 출신 주지사가 이끄는 10개 주는 백신 접종 의무화가 반헌법적이라면서 10월 29일 바이든 정부를 상대로 공동소송을 제기했는데, 아칸소주·알래스카주·미주리주·아이오와주·몬태나주·네브래스카주·뉴햄프셔주·노스다코타주·사우스다코타주·와이오밍주가 여기에 참여했다. 텍사스주는 따로 소송을 제기하면서 백신 접종 의무화가 연방정부의 권한을 남용한 것이라고 주장했다. 11월 초 직업안전보건청이 공표한 방침에 대해서도 텍사스주·미시시피주·루이지애나주·사우스캐롤라이나주·유타주와 일부 기업이 연방고등법원에 소송을 제기했다. 미국 전역에서 연방정부의 백신 접종 조치에 반대하는 법적 다툼이 불붙었다.

2022년 초 연방대법원은 노동부의 직업안전보건청이 발표한 백신 접종 의무화 조치의 집행을 정지하라고 판결했다. 연방대법원 판결 이전에 이미 이 조치는 하급법원에서 서로 다른 판결을 받았는데, 제5연방고등법원에서는 집행정지(11월 6일), 항소법원에서는 합법이라고 판단했다(12월 17일). 그리고 2022년 1월 13일 연방대법원은 직업보건안전청의 조치가 의회로부터 부여받은 권한을 초과한 것이라고 밝히면서 해당 조치의 집행을 멈추라고 판결했다. 백신 접종 의무화는 광범위한 공중보건 조치에 해당되는데, 이는 직업 안전과 관련된 사항을 담당하는 직업안전보건청의 권한을 넘어선 것이라는 이유에서였다. 연방대법원의 판결로 인해 바이든 행정부는 결국 1월 26일 대기업 백신 접종 의무화를 철회했다. 미국 전역에서 강제적 백신 접종을 반대하는 집회가 이어졌고 일부 하급법원에서도 이를 지지하는 판결이 산발적으로 나오던 상황에서, 연방대법원의 판결은 전국적으로 백신 접종을 강력하게 추진할 연방정부의 의지를 꺾은 셈이었다.

오래된 논쟁

코로나19 대유행 당시 백신 접종을 둘러싸고 미국에서 진행된 일련의 갈등과 법적 소송은 오랜 역사를 지녔는데, 특히 백여 년 전 연방대법원의 두 가지 판결이 대표적이다. 하나는 1905년 Jacobson v. Massachusetts 판결이다. 이 재판의 발단은 1901년 미국 동북부 지역에서 대대적으로 유행한 천연두였다. 천연두 백신 접종을 의무화했던 매사추세츠주의 케임브리지 시 보건 당국은 모든 거주자에게 백신 접종을 실시했는데, 야콥슨(Henning Jacobson)이라는 남성은 이를 거부했다. 주법에 따르면 공중보건과 안전을 위해 필요하다면 21세 이상 성인에게 백신 접종을 강제할 수 있었고 이를 거부하면 5달러의 벌금을 내야 했다. 주법에 따라 야콥슨은 벌금형을 받았는데, 그는 자신의 몸과 건강을 스스로의 의지에 맞게 돌보도록 규정한 헌법상의 자유를 주장하며 소송을 제기했다. 연방대법원까지 올라간 소송의 최종 결과는 1905년에 나왔는데, 천연두 백신을 강제 접종하도록 규정한 주법에 대해 합헌 결정을 내렸다. 다른 하나는 1922년 Zucht v. King 판결이었는데, 이는 텍사스주에 거주하는 주츠(Rosalyn Zucht)가 천연두 백신 접종 증명서를 제출하지 않았다는 이유로 공립학교 입학을 거부당한 사건에 대한 것이었다. 당시 텍사스주 샌안토니오시의 조례는 공립학교에 입학할 수 있는 요건으로 천연두 백신 접종 증명서를 제출하도록 규정했는데, 주츠가 이를 제출하지 않았던 것이다. 시 당국의 방침에 항의하는 소송 끝에 1922년 연방대법원은 전원일치 의견으로 시 조례가 헌법에 위반되지 않는다고 판시했는데, 백신 접종 증명서를 요구하는 조례가 공중보건의 보호를 위해 필요한 재량권으로 볼 수 있다는 취지였다.

이 두 판결은 20세기 초 미국에서 강제적인 백신 접종에 대한 법률적인 근거를 마련했다는 점에서 의의가 있지만, 세부적으로는 차이점도 있었다. 야콥슨 사건의 경우 백신 접종을 하지 않았을 때 벌금과 같은 직접적인 처벌을 받았던 반면, 주츠 사건은 학교 입학 거부 등 간접적인 불이익을 받았다는 점에서 그렇다. 또한 전자의 경우 전염병이 유행할 때 공동체를 위해 개인의 신체의 자유를 제한할 수 있는 백신 접종을 주정부가 강제할 수 있는지 판단한 것이라면, 후자는 불이익을 부여함으로써 백신 접종을 간접적으로 유인한다는 측면에서 차이가 있다. 근로자가 백신을 접종하지 않았을 때 고용주에게 벌금을 부과한다거나, 미접종자의 대중시설 이용을 제한하고 무급휴가를 강제로 실시하는 방침을 둘러싼 현재 미국의 소송이나 법적 논쟁은 후자의 경우에 더 가깝다. 아무튼 두 사건에 대한 판결은 미국에서 공중보건 정책을 수립하는 법적인 토대를 제공한 것으로 평가받았다.

그렇지만 미국의 역사학자 콜그로브(James Colgrove)가 설명한 것처럼 사법적 판결이 백신을 더 많이 맞게 하고 공중보건을 개선하는 데 항상 유효한 것은 아니었다. 이는 전염병이 유행하는 시기에 이에 대응하는 다양한 수단 중 백신이 지닌 특수한 성격 때문이었다. 전염병 감염이나 확산을 막기 위해서는 사회 구성원에게 집합 금지, 통행 제한 등 '무언가를 하지 말라'고 요구하는 조치와 마스크 쓰기, 거리두기 등 '무언가를 하라'는 조치를 취하곤 한다. 백신 접종은 후자에 해당하는데, 문제는 백신 접종이 마스크 착용이나 거리두기처럼 스스로 지키기만 하는 것이 아니라, 건강했던 자신을 위험에 빠지게 할 수도 있다는 것이었다. 따라서 대부분의 사람들은 나를 제외한 다른 구성원들이 백신을 먼저 접종하여 집단면역이 형성되고 그 이익을 누리는 일종의 '무임승차'라는 비난을 감수하고서라도, 자신과 가족을 혹시 모를 위험 즉 부작용에 내몰려고 하지 않는다.

백신은 각종 전염병을 예방하는 데 뛰어난 효과를 보이고 대부분 안전하지만, 아주 예외적일지라도 부작용 또한 지니고 있다. 사람들은 백신의 대단한 효과보다는 극소수의 부작용에 더 주목하곤 하는데, 백신 접종으로 얻는 이익(질병에 걸리지 않는 것)은 여러 다른 이유와 뒤섞여 희미하게 보이기 때문이다. 전염병이 한창 유행할 때 내가 감염되지 않았다면 굳이 그 이유를 백신 접종에서 찾을 필요는 없다. 평상시에 위생 습관을 철저히 지켰다거나 다른 사람들과 최대한 접촉하지 않았다거나 체질이 강하다거나 등, 백신 이외의 수많은 이유를 댈 수 있다. 반면 백신 접종으로 인한 불이익(부작용)은 단박에 눈에 띄고 큰 충격으로 다가온다. 백신을 맞은 이후 신체적·정신적 고통을 경험했다면, 으레 백신을 탓할 뿐 다른 이유를 찾으려 하지 않는다. 따라서 '백신 접종을 대대적으로 시행한 결과 전염병이 더 퍼지지 않았다'라는 식의 모호한 추측보다는, '백신 때문에 누가 부작용을 경험했다더라'라는 식의 소문이 사람들에게 더 강렬하게 다가오는 것이다.

    백신 접종이 제공하는 편익 즉 질병의 부재는 소극적인 혹은 눈에 보이지 않는 것이기 때문에, 아무리 드물다 하더라도 백신 접종의 위험이 훨씬 더 두드러져 보인다. 이런 특징은 위험과 이익에 대한 개념이 만들어지는 데 막대한 영향을 미쳤다. [백신 접종으로 병에 걸리지 않았다는 식으로-인용자 주] 발생한 적도 없는 증상이나 죽음을 가리키는 특정 수치를 아무리 말해 봐야, 극히 드문 백신 부작용의 수치를 말할 때보다 수사학적인 힘을 갖지 못한다.*

게다가 백신은 질병에 걸려 아픈 사람을 치료하는 의약품이 아니라, 건강한 사람에게 혹시 모를 감염을 예방하기 위해 투여하는 것이다. 그렇다면 아직까지는 건강한, 그리고 앞으로도 전염병에 안 걸릴 수도 있는 사람이 굳이 '부작용이 있을지도 모르는' 백신 접종을 선뜻 결정하지 못할 수도 있다. 백신을 맞지 않아도 건강할 수 있는 개인이, 미지의 위험에 대비하여, 그리고 백신을 맞음으로써 공동체에 도움을 줄 수 있다는 이유로(집단

---

*   Colgrove, State of Immunity, p.viii.

면역의 형성), 부작용의 위험을 감수하면서까지 백신을 맞지 않을 수도 있다는 것이다.

이처럼 뚜렷하게 보이지는 않는 효과보다 훨씬 더 강렬해 보이는 부작용에 대한 우려를, 앞서 언급한 사법적 판결들로 해소하고 백신 접종을 강제할 수 있었을까? 미국의 백신 접종 반대운동과 이에 대한 대응을 살펴보면 그렇지 않았음을 알 수 있다. 미국에서 백신 접종 반대운동은 19세기 초 우두법이 도입되기 이전으로 거슬러 올라가는데, 1798년 보스턴의 의사와 성직자들은 아직 들어오지도 않은 제너의 백신을 반대하는 '백신접종반대협회(Anti-Vaccination Society)'를 조직하여, 백신 접종이 하늘과 신의 뜻에 반하는 것이라고 반대했다. 1820년경에는 버몬트주의 댄 헤이즌(Dan Hazen)이라는 남성이 지역의 우두 접종을 위해 자신의 소를 몰수하는 것에 반대한 사건도 있었다. 이런 산발적인 반대들은 20세기 들어 더욱 조직적인 모습으로 나타났는데, 1879년에 뉴욕미국백신반대협회(Anti-Vaccination Society of American in New York)가 조직된 이래, 여러 도시에서 비슷한 모임이 만들어졌고 주 차원의 연합조직도 조직되었다. 백신을 반대하는 이유는 다양했는데, 백신이 전염병의 감소에 큰 영향을 미치지 않는다는 의구심부터 백신 기술의 한계 및 부작용에 대한 우려, 강제적인 접종에 대한 반발, 개인의 자유를 제약하는 국가 주도의 의료에 대한 반대, 질병세균설과 같은 과학적 의학에 대한 회의 등이 얽힌 것이었다. 이런 반대운동은 백신 접종이 강제될 때마다 강력한 저항을 조직했고, 몇몇 지역에서는 백신 면제 조항을 수용하게 하거나 미취학아동 의무 접종을 철회하는 데 기여했다.

이런 상황에서 사법적 판결에 의존한 강제적 백신 접종은 한계에 부딪혔고 일방적인 강제(coercion)가 아닌 설득(persuasion)을 병행할 수밖에 없었다. 특히 1920년대 근대적 마케팅 기법들이 등장하면서 공중보건 담당자들은 광고와 홍보물을 활용하여 백신의 필요성을 '판매하려고' 노력했으며, 논리적인 타당성을 강조하기보다는 죄의식이나 공포 혹은 공동체의 규범을 준수하려는 욕망을 공략했다. 백신을 통해 아이에게 면역력을 주지 않는 부모들의 선택을 도덕적으로 비난받을 만한 무식함으로 규정짓거나, 병에 걸렸을 때의 위험을 아주 긴급하고 심각한 것으로 과장하는 방식이었다. 시트콤의 유명 배우를 등장시켜 "만약 당신의 아이가 소아마비나 홍역, 디프테리아 혹은 유행성이하선염에 걸린다면, 그 아이가 적절하게 면역력을 가지지 않은 것이기 때문에 당신 잘못입니다."라는 식의 방송 문구가 대표적이었다. 백신 보급에 기부하는 자선단체의 활동을 광고나 신문으로 홍보하고, 백신의 필요성에 대한 공공 캠페인을 도입하는 것도 또 하나의 전략이었다. 이런 설득은 시간이 오래 걸리고 그만큼 눈에 띄는 성과를 얻는 데까지 많은 노력이 필요했지만, 20세기 미국의 백신 정책에 중요한 근간이 되었다. 그리고 백신을 완강하게 거부하는 사람들 소위 '접근조차 어려운 사람들'에게는 법률에 근거한 직간접적인 강제가 병행되었다.

20세기 내내 과학적 의학의 진전으로 인해 백신이라는 아주 인상적인 의료 필수품이 만들어졌고, 이는 공중보건의 풍경을 극적으로 바꾸었다. 그렇지만 백신 접종에 관한 이야기는 과학에 대한 것이자 동시에 정치학과도 관련된다.

백신 접종 정책은 위험, 이익, 개인의 권리, 공동체의 의무, 설득과 강제 사이의 균형 등과 관련된 정치적, 윤리적, 법적 질문들의 수많은 충돌 속에서 진행되어 왔다. 공중보건 및 의학 전문가들의 모임에서, 의회와 법정에서, 대중매체와 최근에는 인터넷에서 그런 이슈들은 부단히 논쟁되어 왔다. 이 모든 토론 광장에서 서로 다른 가치와 믿음들, 그리고 기준들이 떠다닌다.[*]

콜그로브가 정리한 미국의 백신 접종 논쟁 역사에는 수많은 인물이 등장한다. 지역공동체(시·카운티·주)의 공중보건을 책임지는 보건 관료, 전국적인 전염병을 관리해야 하는 연방정부 및 산하 기구들, 자녀를 건강하게 그리고 다른 아이들과 교육적으로 동등한 기회를 가지게끔 키우고 싶은 부모, 학교 공동체를 지켜야 하는 학교 행정가, 일선에서 백신 접종을 책임지는 의사 조직과 백신을 생산하는 제약 업체, 그리고 미국 사회의 건강을 우려하는 자선단체, 이들의 수많은 이견과 갈등을 법률적으로 판단하는 법률가 등. 이들의 등장과 퇴장은 일관되지 않으며, 전염병과 시대에 따라 때로는 모순되고 충돌한다. 이처럼 '서로 다른 가치와 믿음들, 그리고 기준들이 떠다니는' 백여 년의 논쟁은 코로나19 대유행 당시까지 이어진 것이다.

---

[*]   Colgrove, *State of Immunity*, p.45.

나가며

아직 치료제가 상용화되지 않은 상황에서, 코로나19에 대응할 방법은 확진되었거나 의심 증상이 있는 사람을 조기에 발견·검사·격리·치료하는 '사후적인 대처'와 마스크 착용·사회적 거리두기·백신 접종과 같은 '사전적인 조치'였다. 그러나 공동체를 보호하기 위한 이런 조치는 개인의 권리를 일정 정도 제약할 수밖에 없고, 이를 얼마만큼 용인할 것인지를 두고 다양한 의견이 존재했다. 그중에서도 백신 접종은 공동체와 나를 보호해 주면서도 어쩌면 나를 위험하게 만들 가능성이 조금이라도 있는 기술이기에, 강제적 백신 접종은 개인의 자유를 심각하게 침해한다는 인식이 강했고 이로 인한 갈등은 더욱 격렬하게 표출되었다. 백여 년 동안 미국에서 진행되어 온 논쟁, 그리고 코로나19가 유행할 당시 우리나라뿐 아니라 전 세계에서 드러난 대립과 법적 다툼이 이를 잘 보여주는 것이었다.

이런 갈등은 단순히 '백신이 안전하냐, 부작용이 있느냐'의 문제로 치부될 수는 없다. 기본적으로는 백신 접종이 공공의 이익과 집단면역을 위한 '공공선'으로 권장되지만, 일부의 '개인'에게는 심각한 피해를 줄 수 있기 때문이다. 그런 피해의 가능성을 완벽히 예방하는 것이 불가능하다면, 그런 최소한의 위험을 수용해야 한다면, 그 피해를 누가 어떻게 책임질 것인가에 대한 사회적 합의와 제도가 필요하다. 여러 국가에서 그런 피해에 대한 보상 체계를 운영하고 있지만, '인과성이 명확하지 않다'는 등 다양한 이유로 거부되는 경우가 많고, 소송까지 가서야 겨우 보상받는 경우도 많다. 게다가 백신 접종과 질병 혹은 장애 사이의 인과관계 자체를 과학적으로 증명하는 것 자체가 쉽지 않고, 그 증명의 책임을 피해자가 오롯이 져야 할 때도 있다. 희귀한 부작용은 선례를 찾기 힘들다는 희소성 때문에 더욱 인과관계를 밝히기 힘들고, 코로나19 시기에 새로운 방식으로 개발된 백신은 장기적인 부작용에 대한 데이터가 제한적일 수밖에 없다. 이런 상황에서 백신을 걱정하고 거부하는 행위를 단순한 이기심으로만 치부할 수는 없으며, 공공의 이익을 위해 개인이 받을 수도 있는 피해를 최소화하고, 최대한의 안전장치를 만드는 것이 필요하다.

지난 코로나19 시기에 겪은 백신을 둘러싼 논란은 백신 부작용과 피해를 '예외적인' 사고로 간주할 것이 아니라, 전염병이 유행하고 백신을 접종하면 '있을 수밖에 없는' 위험으로 인식할 필요가 있음을 말해 준다. 그리고 그런 위험은 의학과 과학기술만의 문제가 아니며, 사회 전체가 고민하고 대비해야 할 과제이다.

마스크 ― 상품에서 공공재가 된 기술

『문재인정부 국정백서 8 - 국민과 함께 만든 K-방역』, 2022.

스미다 도모히사, 「코와 입만 가리는 물건: 마스크의 역사와 인류학을 향해」, 『한국과학사
학회지』 42-3, 2020.

신지혜, 「플루 마스크와 이미지: 1918년 인플루엔자와 마스크 착용의 역사」, 『미국사연
구』 55, 2022.

정준영, 「코로나 시대 마스크 착용의 정치학 - 팬데믹 초기 국면의 역사화」, 『역사비평』
137, 2021.

장하원, 임성빈, 「코로나19 시대의 마스크들: 보건용 마스크와 마스크 생태계」, 『비교한국
학』 30-1, 2022.

홍성욱, 「코로나 마크스의 다면성」, 현재환, 홍성욱 엮음, 『마스크 파노라마: 흑사병에서
코로나19까지, 마스크의 과학과 정치』, 문학과지성사, 2022.

현재환, 「일제강점기 위생 마스크의 등장과 정착」, 『의사학』 31, 2022.

Eun-Sung Kim and Ji-Bum Chung, "Korean mothers' morality in the wake of COVID-19
contact-tracing surveillance," *Social Science & Medicine* 270, 2021. 2, pp. 1-8.

Heewon Kim and Hyungsub Choi, "From Hwangsa to COVId-19: The Rise of Mass
Masking in South Korea," *East Asian Science, Technology and Society* 16-1, 2022,
pp. 97-107.

QR 코드 – 나를 증명하는 기술

노윤미, 「정보속으로: IT 이슈 - QR 코드의 이해와 활용」, 『지역정보화』 67, 2011.

이석준, 「ICT 융합 기반 코로나19 방역기술」, 『로봇과 인간』 18-2, 2021.

조환철, 「스마트팩토리와 라벨(바코드, QR코드)」, 『융합경영리뷰』 10, 2020.

정대사, 장염, 박현정, 「QR코드 사용 확산에 영향을 미치는 요인: 사용 목적에 따른 차이를 중심으로」, 『무역연구』 16-6, 2020.

"From Japanese auto parts to ubiquity: A look at the history of QR codes," *Mainichi Daily News*. 9 November 2021.

Alice Rawsthorn, "Deciphering 2 Embedded Signs of Our Times," *New York Times*, 2012.1.8.

Gavin Weightman, "The History of the Bar Code," *Smithonian Magazine* (September 23, 2015) https://www.smithsonianmag.com/innovation/history-bar-code-180956704/

산업표준심의회, 「정보기술 - 자동인식 및 데이터 획득기술 - 바코드 기호 사양 - QR코드 KS X ISO/IEC 18004」, 2002.

이환경, 「데이터를 생산하는 포스트휴먼 신체와 디지털 공간성: 코로나19 시기 QR코드 생성 활동에 관한 연구」, 『공간과 사회』 32-1, 2022.

화상회의 시스템Zoom – 새로운 연결과 또 다른 단절의 기술

장민지, 「코로나19와 줌(Zoom) 온라인 강의를 통한 사적 공간의 공적 전환: 디지털 네이티브 세대의 '자아연출'과 '자기감시'를 중심으로」, 『문화와 정치』 11-3, 2024.

맹미선, 「포스트코로나와 줌의 일상화: 네모난 창과 거리 두기」, 『문화과학』 114, 2023.

김시준, 김주섭, 「비대면 수업 상황 시각장애인 얼굴 위치 인식 프로그램 〈Zoom Helper〉」, 『한국HCI학회 2022 학술대회 발표 논문집』, 2002.

Jeremy N. Bailenson, "Nonverbal Overload: A Theoretical Argument for the Causes of Zoom Fatigue," *Technology, Mind, and Behavior*, 2-1, 2021. 2.

Géraldine Fauville et al., "Video-conferencing usage dynamics and nonverbal mechanisms exacerbate Zoom Fatigue, particularly for women," *Computers in Human Behavior Reports* 10-1, 2023. 2.

Novak, Matt. "Future Calling: Videophones in the World of the Jetsons," *Smithonian Magazine*, 2013. 1.

Hall, Arthur D. "Developing Picuturephone Service," *Bell Telephone Magazine* , 1964.

PCR – 환자가 드러나는 기술

질병관리청, 『코로나19 대응백서』, 2025.

Mullis, K. "The unusual origin of the polymerase chain reaction," *Scientific American* 262:4, April 1990, pp.56-65.

Saiki RK, Gelfand DH, Stoffel S, Scharf SJ, Higuchi R, Horn GT, et al. "Primer-directed enzymatic amplification of DNA with a thermostable DNA Polymerase," *Science*. 239:4839, 1988, pp.487-491.

Suk-Tae Kwon, Joong Su Kim, Jong Hoon Park, Sukhoon Koh and Dae-Sil Lee, "Enhanced Expression in Escherichia coli of Cloned Thermus aquaticus DNA Polymerase Gene by Optimized Distance between Shine-Dalgamo Sequence and ATG Codon," *Molecules and Cells* 1-3, 1991, pp.369-375.

백신 – 나를 보호하는 기술

김준혁, 「방역과 인권: 보편주의와 상대주의를 넘어」, 『생명, 윤리와 정책』 제5권 제1호, 2021.

박지용, 「Jacobson v. Machussetts 판결의 역사적 의미: 공중보건법학의 효시」, 『미국헌법연구』, 제28권 제1호, 2017.

유기훈, 김도균, 김옥주, 「코로나19 공중보건 위기 상황에서의 자유권 제한에 대한 '해악의 원리'의 적용과 확장 - 2020년 3월 개정『감염병의 예방 및 관리에 관한 법률』을 중심으로」, 『의료법학』 제21권 제2호, 2020.

이경도, 「코로나19 백신 접종 여부에 따른 차등 대우와 불평등은 정당한가?」, 『생명윤리』 22-1, 2021.

이현주, 「미국에서의 백신 반대 운동」, 『미국사연구』, 47, 2018.

제임스 콜그로브 지음, 정세권 옮김, 『면역국가의 탄생: 20세기 미국의 백신접종 논쟁사』, 모시는사람들, 2024.

황상익, 「코로나 단상: 인두, 우두, 그리고 코로나-19 백신」, 『생태환경과역사』 6, 2020.

경희대학교 인문학연구원 / HK+통합의료인문학연구단 / 통합의료인문학 교양총서11

팬데믹 테크놀로지

등록 1994.7.1 제1-1071
초판 1쇄 발행 2026년 3월 20일

기   획 경희대학교 인문학연구원 HK+통합의료인문학연구단
지은이 정세권
펴낸이 박길수
편집장 소경희
편집 · 디자인   조영준
관   리 위현정
펴낸곳 도서출판 모시는사람들
　　　　03147 서울시 종로구 삼일대로 457(경운동 수운회관) 1306호
전   화 02-735-7173 / 팩스 02-730-7173
홈페이지 http://www.mosinsaram.com/

인   쇄 피오디북(031-955-8100)
배   본 문화유통북스(031-937-6100)

값은 뒤표지에 있습니다.
ISBN   979-11-6629-263-7   04000
세트   979-11-88765-83-6   04000

* 잘못된 책은 바꿔 드립니다.
* 이 책의 전부 또는 일부 내용을 재사용하려면 사전에 저작권자와 도서출판
  모시는사람들의 동의를 받아야 합니다.

이 저서는 2019년 대한민국 교육부와 한국연구재단의 지원을 받아 수행된
연구임(NRF-2019S1A6A3A04058286).